JN057293

小・中・高等学校新学習指導要領〔準拠版〕

21世紀社会に必要な
「生き抜く力」を育む

特別活動の
理論と実践

第3版

●編著者●

中園大三郎

松田　　修

●執筆者●

濱川　　昌人、安田　　陽子
芦高　　浩一、藤原　　靖浩
中尾　　豊喜、松田　　忠喜

学術研究出版

はじめに

　近年のグローバル化、情報化、少子・高齢化等への変化が加速的に進む現代社会において、志高く未来を創り出していくために必要な資質・能力を子どもたちに確実に育む学校教育の実現を目指した新学習指導要領は 2017（平成 29）年 3 月に告示され、翌 2018（平成 30）年度より小・中学校における特別活動は先行実施となった。

　新学習指導要領の基本方針は、「社会に開かれた教育課程」の実現を目指して、学びの姿を考える「カリキュラム・マネジメント」の実現や「主体的・対話的で深い学び」の視点からの学びの実現等にある。また、特別活動において目指す資質・能力は、「人間関係形成」、「社会参画」、「自己実現」の三つの視点を手掛かりとしながら、教科横断する共通目標である「知識及び技能」、「思考力、判断力、表現力等」、「学びに向かう力、人間性等」の三つの柱の資質・能力の育成を図ることが明確化され、このことは特別活動の目標に具体的に示された。

　特別活動は、社会の変化に対応できる汎用的な資質・能力の基盤となるので、新学習指導要領の趣旨を踏まえて、今後一層「21 世紀を生き抜く力をもった子どもたち」の視点から指導に当たらなければならない。

　本書は、2018（平成 30）年度より小・中学校の特別活動は先行実施に入ったことを踏まえ、新学習指導要領に基づいて執筆した最新版である。執筆には、長年、特別活動の実践と理論を探究している 8 名が担当した。未だ意を尽くせない部分もあるが、本書が教育関係者のお役に立つことができれば幸甚である。また、本書の編集に当たり、学術研究出版の湯川祥史郎・黒田貴子両氏には、並々ならぬご尽力を賜ったことに心から謝意を表したい。

　　2023（令和 5）年 3 月 15 日

　　　　　　　　元兵庫教育大学大学院特任教授　　中園　大三郎

　　　　　　　　　　　　　　　　　　（日本特別活動学会理事）

目　次
Contents

第1章　特別活動で押さえておきたい基本的事項

第2章 小学校の特別活動

第3章 中学校・高等学校の特別活動

第4章 特別活動と他の教育活動との関連

第5章　特別活動への期待

第6章　21世紀社会に必要な「生き抜く力」の育成と特別活動

資　料

※　本書の主要部分は、平成29年6月に文部科学省が告示した新学習指導要領解説
　特別活動編及び平成28・29年度の文部科学省中央教育審議会・教育課程部会で発表
　された審議のまとめ等に基づき、最新版の特別活動の書籍として執筆している。

第1章

特別活動で押さえて
おきたい基本的事項

<table>
<tr><td>第 1 節</td><td>教育課程における特別活動の位置及び
歴史的変遷</td></tr>
</table>

① 特別活動の教育課程における位置

　教育課程については、1951（昭和26）年改訂の「学習指導要領一般編（試案）」には、次のように示されている。

　「児童や生徒がどの学年でどのような教科の学習や教科以外の活動に従事するのが適当であるかを定め、その教科や教科以外の活動の内容や種類を学年別に配当づけたものを教育課程といっている」。つまり、教育課程には、教科だけではなく教科以外の活動も含まれている。

　現行の教育課程は、1968（昭和43）年の小学校学習指導要領の改訂で、従来の特別教育活動と学校行事等とを統合して特別活動とし、各教科及び道徳などとともに教育課程を構成する領域となっている。これは、当時、受験競争の激化などによる知識偏重の教育に対して反省と改革が迫られていたことを踏まえて教育課程の改善の基本方針のひとつに、「人間形成における調和と統一」があげられた。そのため、1967（昭和42）年の教育課程審議会の答申において、「各教科及び道徳とあいまって人間形成の上から重要な活動を総合して、新たな特別活動を設ける」ことが述べられ、今日の教育課程となっている。

　教育課程は、学校教育法施行規則、学習指導要領総則に定められており、幼・小・中・高等学校、特別支援学校とともに全国共通の基準によって構成されており、その内容は次表の通りである。その概要を次に示す。

表1-1　小・中・高等学校の教育課程

（　）内：小・中学校の学年

小学校	中学校	高等学校
〔各教科〕 国語（全）、社会（3〜6）、算数（全）、理科（3〜6）、生活（1・2）、音楽（全）、図画工作（全）、家庭（5・6）、体育（全） 外国語（5・6）	〔各教科〕 国語（全）、社会（全）、数学（全）、理科（全）、音楽（全）、美術（全）、保健体育（全）、技術・家庭（全）、外国語（全）	〔各学科に共通する各教科〕 国語、地理歴史、公民、数学、理科、保健体育、芸術、外国語、家庭、情報、理数 ※主として専門学科において開設される各教科は省略
特別の教科　道徳（全）	特別の教科　道徳（全）	
外国語活動（3・4）		
総合的な学習の時間（3〜6）	総合的な学習の時間（全）	総合的な探究の時間
特別活動（全）	特別活動（全）	特別活動（全）

備考　1．授業時数の一単位時間は、小学校45分、中学校・高等学校50分とする。
備考　2．特別活動の授業時数は、学習指導要領で定められる学級活動・ホームルーム活動（学校給食に係るものを除く）に充てるものとする。
　　　　小学校の児童会活動・クラブ活動・学校行事、中学校の生徒会活動・学校行事は、それらの内容に応じて、年間、学期ごと、月ごとなどに適切な授業時数を充てるものとする。また、高等学校の生徒会活動及び学校行事については、学校の実態に応じて、それぞれ適切な授業時数を充てるものとすると学習指導要領において示されている。

　以上の通り、特別活動は、人間形成の上から重要な活動を総合することから教育課程に位置付けられており、学校の教育課程の編成に際しては、教育計画の全体における特別活動の位置付けや在り方を明確にしなければならない。

　各学校においては、特別活動の内容のうち、休憩時や放課後等に行われる常時の活動以外の多くは授業として取り扱われる。

2 特別活動の歴史的変遷

　わが国の近代学校は、1872（明治 5）年の「学制」公布に始まり、以後、明治、大正、昭和と続く戦前は、科学知識、技能を国民に伝達することや、天皇制国家の「臣民」（天皇・皇公族以外の国民）にふさわしい国民に育てる事を基本的な目的としていた。そのため、「臣民」としての心情や態度、価値意識等を育てることを目的に、今日の特別活動に該当する儀式、遠足、学芸会、運動会等の教科外の諸活動を早い時期から教育活動に取り入れ、教科学習とは異なる意義と方法原理をもつ活動として実施してきた。教科外の諸活動は、児童生徒の自主性、創造性、自治性等、人間形成機能を有している評価を受けてきたのであるが「課外活動」として位置付けられてきた。戦後に入ると「課外活動」とされていた教科外の諸活動の教育課程化への変遷が始まり、その変遷過程は次表の通りである。

　特別活動は、いくたびかの変遷を経て現在に至っており、この間、特別活動の名称は、教科課程としての「自由研究」や「教科以外の活動」、「学校行事等」、「特別教育活動」などと称されて、今日、教育課程化されている。

　特別活動の変遷の過程において、特別活動の名称や内容等は変わってきたが、集団活動や実践的な活動を通して、児童生徒の人間形成を図るという本質とその重要性は変わることはなかった。

表1-2　学習指導要領での特別活動の変遷[1]

年	特　　　徴
1946 (昭和21)年	「新教育指針」公布において、「自治の修練」として、国民学校高学年や中等学校以上の生徒に対し、校友会、運動会、遠足、旅行、見学などの活動が自治の訓練の主要な場面として重視される。
1947 (昭和22)年	教育課程の中に「自由研究」があげられ、法的根拠が与えられた。自由研究には、クラブ活動、学級・学校における委員・係りの活動を教科と称して課したものであり、後の「特別教育活動」の母体となる。また、新制中学校発足当時「選択教科」の一部として「自由研究」を置き、ついで発足した高等学校においても継承される。
1949 (昭和24)年	中学校において自由研究を廃止し「特別教育活動」を設置する。高等学校も同様の措置をとる。
1951 (昭和26)年	小学校で「自由研究」が「教科外の活動」として位置づけられる。中学校・高等学校においては、教育課程の中に特別活動を位置づけ、ねらい・内容などが明らかとなる。
1958 (昭和33)年	教育課程が「各教科」「道徳」「特別教育活動」「学校行事等」で構成される。
1968 (昭和43)年	小学校で「特別教育活動」が「特別活動」となり、内容が児童活動、学校行事、学級指導となる。
1969 (昭和44)年	中学校で「特別教育活動」が「特別活動」となり、内容が生徒活動、学校行事、学級指導となる。
1970 (昭和45)年	高等学校で「特別活動」と「学校行事」を統合して、新たに「各教科以外の教育活動」を設ける。
1978 (昭和53)年	高等学校でも領域名は「特別活動」となる。
1989 (平成元)年	「学級会活動」と「学級指導」が統合され、「学級活動」が新設される。
1998 (平成10)年	中学校・高等学校から「クラブ活動」は削除され、特別活動全体の授業時数は半減する。
2008 (平成20)年	特別活動を構成する各活動それぞれに独自の目標が設定される。
2018 (平成30)年	学習指導要領の構造が変わり、特別活動で育成を目指す資質・能力をはじめ、各活動や学校行事で目指す資質・能力についても具体的に示された。小学校に学級活動(3)が新設され、キャリア教育の要として示され、小・中・高等学校のつながりが明記される。

第２節　特別活動の意義

① 特別活動の人間形成

　児童生徒たちを取り巻く社会の変化は急速なものがあり、とりわけ、グローバル化や情報化、技術革新の進歩には目を見張るものがある。こうした変化の一つに人工知能の飛躍的な進歩があげられる。今まで、人間でしかできないと考えられていたことが、人工知能の進歩により、その役割を人間に代わって十分果たせるようになってきている。このような変化の激しい予測が困難な時代は、児童生徒たちの生き方にも影響するものであると言われている。

　こうした社会においては、様々な課題や変化に積極的に取り組み、課題解決に向けて情報を収集し、吟味し、知恵を出し合ったり他者と協働したりしながら課題を解決したり、新たな価値を見いだしたりしていくことが求められている。

　特別活動は、自分と異なる多様な考えや関心をもつ他者と協働しながら、よりよい集団や学校生活を築くために課題を発見し、解決に向けて話し合い、決まったことを基に実践活動を行い、その成果や課題について振り返り自己実現を図ろうとする一連の活動である。このような活動を通していく過程において、児童生徒は、よりよい人間関係を築いたり、集団や学校生活に積極的に参画したりする力を育むことができる。

　また、特別活動では、これまで各教科や道徳で学んだことや身に付けたことを様々な集団活動や体験的な活動を通して、実際の生活に生きて働く力とするための人間形成の場として重要な役割を果たしている。これらのことからも、従来にも増してより一層、生活体験、社会体験、自然体験等の体験活動が重視されなければならない。

　さらに、前述の通り、学校においては、「○○を学んだ。知っている。」

という知識や理解にとどまらず、国際化社会の中において、「他者や社会と関わりあえる力」、「社会に出て役に立つ力」、そして「生き抜く力」を付けることが求められている。その際、学力の基盤となるものは、特別活動の目標である豊かな人間形成にあることは自明のことである。その意味から、ペスタロッチの「生活が人間を陶冶する（Das Leben bildet）」の理念はまさに特別活動に表されているといえる。

2 特別活動の教育活動全体における意義

　特別活動は、様々な集団活動を実施するに当たり、活動の目標を設定し、目標達成のために方法や手段を考え、共通の目標に向かって協力しながら実践に取り組む一連の活動である。すなわち、特別活動の特質は「集団活動」や「実践的な活動」であり、「児童生徒の活動」が重要な要件となっている。この児童生徒の活動を、より一層充実したものにするためには、指導者は児童生徒の発意・発想を大切にしながら、適切に指導や助言を行っていく必要がある。児童生徒はこれらの一連の活動において、「なすことによって学ぶ」ことを通して、様々な資質・能力を身に付けることができ、特別活動での学びにより児童生徒の人格形成は促進され、教育活動全体の基盤になっているといえる。

　以下、学習指導要領の内容を参考にして特別活動の教育活動全体における意義を紹介する。

(1) 特別活動の特質を踏まえた資質・能力の育成 [2]

　新学習指導要領では、汎用的な能力の育成を重視する世界的な潮流等を踏まえ、特別活動も含む全ての教科等で目指す資質・能力を「知識及び技能」、「思考力、判断力、表現力等」、「学びに向かう力、人間性等」の三つの柱に整理して示された。

　そこで、特別活動においては、特別活動がこれまで教育課程上果た

　してきた役割を踏まえて、「人間関係形成」、「社会参画」、「自己実現」の三つを視点とし、また手掛かりとして、前述の三つの柱の資質・能力である「知識及び技能」、「思考力、判断力、表現力等」、「学びに向かう力、人間性等」の育成を目指すこととなった。

　したがって、特別活動の場合は、特別活動の目標に示されているように「様々な集団活動を通す」ということや、「実践的な活動を重視する」という点を理解して、前述の三つの柱の資質・能力の育成を目指すことにある。つまり、特別活動では、様々な集団活動における各活動や学校行事の学習過程の中で、「思考力、判断力、表現力等」を活用しながら、多様な他者と課題解決に向けて話し合ったり、協働したりすることで、様々な知識や技能が互いにつながったり、実感の伴う生きて働く力とを身に付けることが肝要である。これらの力は学年が上になったり、さらに上級の学校に進んだりする中で、他の教科等で身に付けた力と特別活動で身に付けた資質・能力とが結びつき、より質の高い資質・能力となり、それらを生涯にわたって活用し生かそうとする「学びに向かう力、人間性等」へと育成されていくと考えられている。

　なお、特別活動における各活動や学校行事の目標は、集団の特質や活動の過程の特徴を踏まえた活動を通して、三つの柱の資質・能力を育成することが示されている。学習指導要領には、告示上、各活動や学校行事の目標の中で育成することを目指す三つの柱の資質・能力の表記は、「第1の目標に掲げている資質・能力を育成することを目指す。」と示されていることに留意しなければならない。

　次表に「特別活動において育成すべき資質・能力」を示す。

表1-3　特別活動において育成すべき資質・能力[3]

小・中・高等学校

知識及び技能	思考力、判断力、表現力等	学びに向かう力、人間性等
（何を知っているか、何ができるか） **小学校** ○　多様な他者と協働する様々な集団活動の意義や活動をする上で必要となることについて理解し、行動の仕方を身に付けるようにする。 **中・高等学校** ○　多様な他者と協働する様々な集団活動の意義や活動を行う上で必要となることについて理解し、行動の仕方を身に付けるようにする。	（知っていること、できることをどう使うか） **小・中・高等学校** ○　集団や自己の生活、人間関係の課題を見いだし、解決するために話し合い、意思決定したりすることができるようにする。	（どのように社会・世界と関り、よりよい人生を送るか） **小学校** ○　自主的、実践的な集団活動を通して身に付けたことを生かして、集団や社会における生活及び人間関係をよりよく形成するとともに、自己の生き方についての考えを深め、自己実現を図ろうとする態度を養う。 （中・高等学校の場合、上記の下線部分は次の通りである。） **中学校** ○　集団や社会における生活及び人間関係をよりよく形成するとともに、人間としての生き方についての考えを深め、自己実現を図ろうとする態度を養う。 **高等学校** ○　主体的に集団活動や社会に参画し、生活及び人間関係をよりよく形成するとともに人間としての在り方生き方についての自覚を深め、自己実現を図ろうとする態度を養う。

(2) 学級経営の充実を図る特別活動

　小・中学校学習指導要領第 1 章総則第 4 の 1 の (1)「学習や生活の基盤として、教師と児童との信頼関係及び児童相互のよりよい人間関係を育てるため、日頃から学級経営の充実を図ること。」と示されている。また、小学校学習指導要領第 6 章特別活動第 3 の 1 の (3)「学級活動における児童の自発的、自治的な活動を中心として学級経営の充実を図ること。」と示されている。

　学級経営については、教師と児童生徒、児童生徒相互の人間関係を

よりよいものにしたり、学級集団の質を高めたりすることが肝要である。そのためには、児童生徒が自発的、自治的に「よりよい生活や人間関係」を築くことを目指す特別活動を中心に据えながら、指導者が意図的・計画的に進めていくことが必要である。このようにしてよりよい生活や人間関係を築いたり、質の高い集団を育成したりすることは、各教科等の学習における「主体的・対話的で深い学び」を実現していくための基盤となる活動になると考えられる。

(3) 各教科等の学びを実践につなげる特別活動

　特別活動では、各教科等で育成した資質・能力を、集団や自己の課題の解決に向けた実践の中で活用することにより、実生活で活用できるものにする役割を果たす。例えば食育、安全教育、健康教育など、現代的な教育内容や課題についても、各教科等の特質に応じて育まれた資質・能力を、実践的な集団活動を通して、統合的で汎用的な力に変え、実生活で活用できるようにすることが可能な教育活動である。また、今日的な課題であるキャリア教育についても、学校教育全体で行う前提のもと、特別活動に位置付けられ、特別活動の集団活動や体験活動を通して、各教科で学んだことを実生活で活用できるようにしていくことが可能である。このように各教科等での学びを実践につなげることのできるのが特別活動である。

(4) 学級・学校文化を創造する特別活動

　特別活動は児童生徒の自発的、自治的な活動を通して、楽しく豊かな学級・学校を創造できる実践的な活動である。このような活動を繰り返し積み重ねていくことにより、児童生徒は学級活動を通して学級生活に主体的に参画できるようになる。また、児童会・生徒会活動、クラブ活動、学校行事を通して、よりよい人間関係を築いたり、協働することの大切さに気付いたりする中で、より楽しく豊かな学級・学

校文化を一層創造することができる。したがって、特別活動では児童生徒の実践的な活動を通して、育成すべき資質・能力を大切にしながら、児童生徒が発展的に新しいものを生み出し、学級・学校文化を創造していくことのできる教育活動である[4]。

③ 特別活動における異年齢集団による交流

異年齢集団の交流は、特別活動の特質の 1 つにあげられ、小学校学習指導要領第 6 章の第 3 の 2 の (4) には、次のように示されている[5]。

> (4) 異年齢集団による交流を重視するとともに、幼児、高齢者、障害のある人々などとの交流や対話、障害のある幼児児童生徒との交流及び共同学習の機会を通して、協働することや、他者の役に立ったり社会に貢献したりすることの喜びを得られる活動を充実すること。

2011（平成 23）年 6 月、国立教育政策研究所生徒指導研究センター「子どもの社会性が育つ『異年齢の交流活動』」において、「異年齢の交流活動」を実施できた学校では、他の人とうまく関わりをもてることを高く評価できる児童が増えたこと、併せて学校への適応感も高まることが示されている。

以下、国立教育政策研究所生徒指導研究センターの研究内容を参考に、特別活動における異年齢集団による交流の大切さを述べる。

少子化によって兄弟姉妹や地域の子どもの数の減少や、地域の人間関係も希薄化する中で、「人と関わりたい」思いを自然に感じとっていく、そんな場も機会も失われてきた。児童生徒の健全育成において、「人と関わる喜び」に代表されるような「社会性の基礎の部分」を育てることは、学力と並んで学校教育の重要な課題である。

特別活動には、異学年集団による交流活動により「社会性の基礎の部分」を育てる機能がある。多くの学校では、特別活動の各活動・学校行

事において「縦割り班活動」や「異学年交流」などの活動が行われ、児童生徒の社会性を育み、かつ、役割や発表等を通しての「自己有用感」の獲得にも大きな影響を及ぼしている。

　したがって、異学年集団の交流は、社会に開かれた教育課程の認識の下に、学校全体の共通理解に基づく全体計画が不可欠である。そのため全教職員がそれぞれ学年を超えた役割分担と連携協力を自覚するとともに、保護者や地域の人々をも巻き込んでいく、そうした「仕組みづくり」が求められている。

表1-4　異年齢集団における交流活動の留意点

1　全教職員が「交流活動」で子どもが育つメカニズムを理解し、適切な対応ができる仕組みにする。 ・子ども自らに「関わり合う喜び」を感じとらせる。 ・年長者には、自分の役割を果たしたことが、年少者のお手本になった、役に立ったと感じられるようにする。 ・年少者は、年長者の行動に対して、あんな年長者になりたいとあこがれの気持ちをもつことができるようにする。 2　他者と関わる喜びが獲得できる活動を設定する。 ・子どもたちが楽しいと感じられる活動を中心に構成する。 ・活動は、平易なものから始め、子どもの変化に応じて高めていく。 ・教師が「やらせたい」、「やってほしい」活動ではなく、子どもたちが進んで「やりたい」と思う活動を設定する。 3　年長者が主体的に取り組める活動にする。 ・リードする年長者が主体的に企画して取り組めるように、十分な準備の時間を確保する。また、振り返りの時間も必ずとって、「関わり合いの喜び」を自分たちの自信へとつなげていく。 ・年少者は交流の成果を作文や手紙にまとめ、「楽しかった」思いを定着させる。作文類は、年長者に届け、振り返りに役立てる。

第3節　特別活動の基本的事項

① 特別活動の指導の基本

　特別活動の指導の基本については、様々な視点から挙げられる。ここでは、特別活動について、全体的な視点から指導の基本となる事項を取り上げ、次に示す。

　なお、まず始めに今回の学習指導要領の改訂では、従来、特別活動の目標に示されていた「望ましい集団活動を通して」は、より分かりやすく解説するために、「様々な集団活動に自主的、実践的に取り組み、互いのよさや可能性を発揮しながら集団や自己の生活上の課題を解決する。」という学習の過程をもって目標内に示されたことを理解しておきたい。

　また、「望ましい集団活動を通して」は、特別活動の大前提であり、方法原理でもあることに留意しなければならない。しかし、最初から「望ましい集団」の存在はないことや、また、近年、多様な他者と関わり、地域や国という境界を超えての人と人との繋がりを尊重しながら新たな価値を協働的・創造的に生み出すこと等に留意するとき、「望ましい集団活動」の形成、そして、その中での諸活動は大切である。

　「望ましい集団活動」の一般的条件は、小学校学習指導要領解説特別活動編（平成20年）では、次のように示されている。

表1-5　「望ましい集団活動」の一般的条件[6]

ア．活動目標を全員でつくり、その目標について全員が共通の理解をもっていること。

イ．活動目標を達成するための方法や手段などを全員で考え、話し合い、それを協力して実践できること。

ウ．一人一人が役割を分担して責任を果たすと共に、その役割を全員が理解していること。

エ．一人一人の自発的な思いや願いが尊重され、互いの心理的な結びが強いこと。

オ．成員相互の間に所属感や所属意識、連帯感や連帯意識があること。

カ．集団の中で、互いのよさを認め合うことができ、自由な意見交換や相互の関係が助長されるようになっていること。

　以上のことを踏まえ、次に特別活動の指導上の主な基本的事項を示す。

　○　特別活動という用語における「活動」の意味上の主語は、「子ども」であり、特別活動の場面では、子どもの活動が最も重要な要件となる。したがって、特別活動の目標を達成するには、絶えず子どもの活動を尊重した適切な教師の指導が必要不可欠となる。そのため教師として踏まえておきたい基本として、例えば「集団化」「実践化」「計画化」「組織化」「弾力化」などがある。その中でも特に「集団化」「実践化」は人間形成との関わり合いが強いと考えられる[7]。

　○　特別活動では、「自発、自治」の言葉は使わず、「自発的、自治的」を用いる。なぜならば学校教育を受ける児童生徒には、完全な自発行動や自治行動はありえないからである。

　○　特別活動は各教科等にもまして、各学校の特色や独自性が生かされるが、教科書等が無いこともあって教師の経験にゆだねられ、指導の一般化を図ることが困難である。したがって、各学校における

特別活動の目標を効果的に達成するには、特別活動全体の指導計画や特別活動の各活動・学校行事の指導計画を全教職員の共通理解の下に作成し実施することが大切である。

○　特別活動は学校全体にわたる総合的な教育活動であり、また、社会と連携して行われる教育活動であるので、各教科等と十分に相互関連した指導や家庭・地域の人々との連携を工夫しなければならない。

○　特別活動の指導計画作成においては、1989（平成元）年版の学習指導要領に示されている通り、小学校では「生徒指導との関連を図るようにする」、中・高等学校では「生徒指導の機能を十分に生かす」ことに留意しなければならない。

○　特別活動の実施に当たっては、教師の事前指導が大切であり、活動過程においても児童生徒の自主的、自治的な実践活動を促すための教師の適切な指導・助言が必要である。事後の反省の場においては、活動への称賛の言葉以外に、児童生徒の気付かなかったことなどに関して指導や助言を行って次への活動に生かすことができるようにする。

○　特別活動の実施に当たっては、集団目標を設定し、計画的・継続的・組織的に活動できる計画を立案し、学校・学級生活の充実・向上やよりよい人間関係づくり、そして自己を生かすため、児童生徒の自主的、自治的、実践的な活動を助長する指導に努める。

○　特別活動の評価は、「指導計画の作成」、「計画に基づく活動」、「活動後の反省」の一連の過程において評価しなければならない。その中で最も留意しなければならないことは、児童生徒一人一人のよさや可能性を積極的に認め、豊かな人間性や社会性などの生きる力、社会に出て活用できる力を育成することである。

② 特別活動における「人間関係形成」、「社会参画」、「自己実現」 の視点

　目標で示された内容や特別活動の特質、教育課程全体において特別活動が果たすべき役割などを勘案して整理された三つの視点である「人間関係形成」、「社会参画」、「自己実現」は、特別活動において育成を目指す資質・能力における重要な要素である。

　以下、小学校学習指導要領解説特別活動編の内容を示す[8]。

(1) 人間関係形成

　「人間関係形成」は、集団の中で、人間関係を自主的、実践的によりよいものへと形成するという視点である。人間関係形成に必要な資質・能力は、集団の中において、課題の発見、実践、振り返りなどの特別活動の学習過程全体を通して、個人と個人あるいは個人と集団という関係性の中で育まれると考えられる。

(2) 社会参画

　「社会参画」は、よりよい学級・学校生活づくりなど、集団や社会に参画し、様々な問題を主体的に解決しようとするという視点である。社会参画に必要な資質・能力は、集団の中において、自発的、自治的な活動を通して、個人が集団へ関与する中で育まれると考えられる。

(3) 自己実現

　「自己実現」は、一般的には様々な意味で用いられるが、特別活動においては、集団の中で、現在及び将来の自己の生活の課題を発見し、よりよく改善しようとする視点である。自己実現に必要な資質・能力は、自己の理解を深め、自己のよさや可能性を生かす力、自己の在り方や生き方を考え設計する力など、集団の中において、個々人が共通して当面する現在及び将来に関わる課題を考察する中で育まれると考えられる。

表1-6　特別活動を指導する上で重要な三つの視点

人間関係形成	社会参画	自己実現
○　集団の中で、人間関係を自主的、実践的によりよいものへと形成する視点である。 ○　集団の中において、課題の発見から実践、振り返りなど特別活動の学習過程全体を通して、個人対個人、個人と集団という関係性の中で育まれる。 ○　属性、考え方や関心、意見の違いなどを理解した上で認め合い、互いのよさを生かす関係をつくることが大切である。	○　よりよい学級・学校づくりなど、集団や社会に参画し、様々な問題を主体的に解決しようとする視点である。 ○　自発的、自治的な活動を通して、個人が集団に関与する中で育まれる。 ○　学校内の様々な集団における活動に関わることが、地域や社会に対する参画、持続可能な社会の担い手となっていくと考えられる。	○　集団の中で、現在および将来の自己の生活の課題を発見しよりよく改善しようとする視点である。 ○　自己の理解を深め、自己のよさや可能性を生かす力、自己の在り方生き方を考え設計する力など、個々人が共通して当面する現在および将来に関する課題を考察する中で育まれる。

　なお、上表の特別活動を指導する上で重要な三つ視点と、全ての教科等の目標である「知識及び技能」、「思考力、判断力、表現力等」、「学びに向かう力、人間性等」の三つの柱との関係について、杉田洋（國學院大學教授）は、「あえて単純に整理すると次の表のようにとらえる事もできる。[9]」と説明している。その内容からは双方の関係が理解でき、これからの研究や実践において大変参考になるので次に示す。

表1-7　全ての教科等で育む三つの柱「資質・能力」と
特別活動指導で重要な三つの視点との関係

三つの視点＼三つの柱	知識及び技能	思考力、判断力、表現力等	学びに向かう力、人間性等
人間関係形成	多様な人と協働して活動する意義の理解やそのための方法	お互いの意見や考えの違いを尊重し、互いのよさや可能性を生かす関係をつくること	社会的集団における人間関係を、自主的、実践的によりよいものへと形成しようとすること
社会参画	自発的、自治的な集団活動の意義や活動を行う上で必要な合意形成するための方法	学級や学校の集団の生活の課題を見いだし、解決するために話し合い、合意形成を図ること	学級や学校の集団や活動に参画し、問題を主体的に解決することを通して、よりよい社会や生活を創造しようとすること
自己実現	自己実現に必要な自己理解を深め、意思決定するための方法	自己のよさや可能性を生かし、自己の在り方生き方を考え、設計するなどの意思決定ができること	現在及び将来の自己の生活の課題を発見し、目標を決めて取り組み、自己の可能性を拓こうとすること

杉田洋（國學院大學教授）　平成29年

※　表題及び「三つの柱」「三つの視点」の表記は筆者が追記する。

③ 特別活動における「主体的・対話的で深い学び」[10]

　特別活動では、課題発見—話合い—実践—振り返りという一連の学習過程を通すことにより、活動を深め、より充実したものにすることができる。各活動と学校行事においては、その特質を踏まえた学習過程が示されており、これらの学習過程を踏まえることにより、「主体的・対話的で深い学び」の実現につながるものである。

今回の改訂では、資質・能力を偏りなく育成するために、児童生徒の「主体的・対話的で深い学び」の実現に向けた授業改善を行うこと、その際には各教科等の見方・考え方を働かせ、各教科等の学習の過程を重視して充実を図ることが示されている。

(1)「主体的な学び」

学級や学校の実態や自己の現状に即した、課題を見いだしたり、課題解決に向けて自主的に実践したり、成果や改善点に気付いたりできるような学習過程を通すことにより、児童生徒の主体的な学びが実現できると考えられる。このように集団や自己について振り返り、新たな成果や課題を見いだし、次の活動への意欲としてつなげていくことができる。

(2)「対話的な学び」

学級活動・ホームルーム活動、児童会活動・生徒会活動、クラブ活動などの自治的な活動においては、「話合い活動」が位置付けられている。これらの活動を通して、学級・学校生活における集団や自己の生活上の課題を見いだし、話し合い、解決するために合意形成を図ったり、意思決定したりする中で、他者の多様な考え方に触れ、自らの考えを広げたり深めたりすることができる。

(3)「深い学び」

「深い学び」の実現には、一連の学習過程の中でどのような資質・能力を育むのかを明確にした上で、意図的・計画的に指導に当たることが肝要である。その際、「人間関係形成」「社会参画」「自己実現」の三つの視点を生かしながら、各教科等で学んだ知識や技能と関連付けてより深く理解したり、新たな課題を発見し解決策などを考えたりすることなど、より質の高い深い学びを実現することが求められている。

　なお、特別活動において重視されている活動内容の一つに「話合い活動」があげられる。この活動は、各教科等の学習の基盤となる「言語活動の充実」と深く関わっており、各校の重点目標の一つとして教育課程の編成時に、最大限にその効果を生かせるようにすることが望まれる。そのためには、教科横断的な学習を充実したり、「主体的・対話的で深い学び」を実現する授業改善の工夫をしたりすることが求められる。具体的には、教育課程の編成・実施における課題の改善や教職員間の共通理解、人的・物的資源の活用や体制づくりなどのカリキュラム・マネジメントに努めることが望まれる。

④ 児童生徒の発達段階と特別活動

　児童生徒の成長過程においては、個人差はあるものの、共通してみられる発達段階ごとの特徴が見られるので、その特徴を踏まえて適切な対応と指導・助言や支援を行っていくことが大切である。以下、児童生徒の発達段階ごとの現代的な特徴とともに、特別活動の視点から重視すべき課題も取り上げる。参考資料は、2009（平成21）年7月、徳育面から審議された文部科学省「子どもの徳育に関する懇談会」の内容である。内容の中の「特別活動の視点から主に重視すべき課題」については、懇談会での「徳育面から重視すべき課題」を参考に筆者が加筆している。

表1-8　児童生徒の発達ごとの特徴及び特別活動の視点から
主に重視すべき課題[11]

発達段階		特　徴	特別活動の視点からの課題
学童期	小学校 低学年	幼児期の特徴を残しながらも、「大人が『いけない』ということは、してはならない」といったように、大人の言うことを守る中で、善悪についての理解と判断ができるようになる。また、言語能力や認識力も高まり、自然等への関心が増える時期である。	○集団への適応 ○集団や社会のルールを守る態度の育成 ○自発性、自治性、自主的態度の育成 ○社会性の育成 ○体験活動の充実
	小学校 高学年	9歳以降の小学校高学年の時期には、幼児期を離れ、物事をある程度対象化して認識することができるようになる。対象との間に距離を置いた分析ができるようになり、知的な活動においてより分化した追求が可能となる。自分のことも客観的にとらえられるようになるが、一方、発達の個人差も顕著になる（いわゆる「9歳の壁」）。身体も大きく成長し、自己肯定感をもち始める時期であるが、反面、発達の個人差も大きく見られることから、自己に対する肯定的な意識をもてず、劣等感をもちやすくなる時期でもある。 　また、集団の規則を理解して、集団活動に主体的に関与したり、遊びなどでは自分たちで決まりをつくり、ルールを守るようになる一方、ギャングエイジとも言われるこの時期は、閉鎖的な子どもの仲間集団が発生し、付和雷同的な行動が見られる。	○集団における役割の自覚や主体的な責任意識の育成 ○自発性、自治性、自主的な実践態度の育成 ○社会性の育成 ○体験活動の実施など実社会への興味・関心をもつきっかけづくり ○自他の尊重の意識や他者への思いやりなどの涵養 ○自己肯定感の育成 ○他者の視点に対する理解

青年期	中学校 前　　期	中学生になるこの時期は、思春期に入り、親や友達と異なる自分独自の内面の世界があることに気付き始めるとともに、自意識と客観的事実との違いに悩み、様々な葛藤の中で、自らの生き方を模索し始める時期である。	○社会の一員として自立した生活を営む力の育成 ○自主的な実践態度の育成 ○社会性の育成 ○法や決まりの意義の理解や公徳心の自覚 ○人間としての生き方の自覚を深め、自己を生かす。 ○職業選択と準備
	高等学校 中　　期	親の保護の下から、社会へ参画し貢献する。自律した大人になるための最終的な移行期間である。思春期の混乱から脱しつつ、大人の社会を展望するようになり、大人の社会でどのように生きるかと言う課題に対して、真剣に模索する時期である。	○社会の一員として自立した生活を営む力の育成 ○法や決まりの意義の理解や公徳心の自覚 ○人間としての在り方生き方の自覚を深め、自己を生かす。 ○職業選択と準備

⑤ 特別活動の指導計画と活動計画

　特別活動の計画には、教師の意図的・計画的な構想に基づいて展開する指導計画と、児童生徒が教師の指導の下に自発的、自治的に活動を展開する拠り所となる活動計画がある。双方の比較を次に示す。

表1-9　特別活動の「指導計画」と「活動計画」[12]

	指導計画	活動計画
作成者	○教師が学級や児童生徒の実態を考慮して作成する。	○児童生徒が教師の適切な指導の下で、自発的、自治的な実践活動を展開していくため自ら作成する。
対象内容	○学級活動・ホームルーム活動 ・(1)「学級や学校の生活づくりへの参画」 　　　　　　　（小・中学校） ・(1)「ホームルームや学校の生活づくりへの参画」 　　　　　　　（高等学校） ・(2)「日常の生活や学習への適応と自己の成長及び健康安全」 　　　　（小・中・高等学校） ・(3)「一人一人のキャリア形成と自己実現」 　　　　（小・中・高等学校） ○児童会活動・生徒会活動 　　　　（小・中・高等学校） ○クラブ活動　　　　（小学校） ○学校行事 　　　　（小・中・高等学校）	○学級活動・ホームルーム活動 ・(1)「学級や学校の生活づくりへの参画」 　　　　　　　（小・中学校） ・(1)「ホームルームや学校の生活づくりへの参画」 　　　　　　　（高等学校） ○児童会活動・生徒会活動 　　　　（小・中・高等学校） ○クラブ活動　　　　（小学校）
種類	○特別活動の全体計画 ○上記内容の計画や年間指導計画 ○一単位時間の指導計画（指導案）	○上記内容の年間活動計画 ○一単位時間の活動計画
特色	○教師の意図的・計画的な計画（児童生徒の自主的、実践的な活動をできるだけ取り入れる。） ○ある程度、弾力性、融通性のある計画	○児童生徒の意見や願いを生かした計画 ○より具体的な計画

　指導に当たっては、前表の指導計画と特別活動特有の活動計画を踏まえて行わなければならない。自発的、自治的活動は、自主的、実践的な活動を基盤として展開される。なかでも小・中学校の学級活動「(1) 学級や学校の生活づくりへの参画」と高等学校のホームルーム活動「(1) ホームルームや学校の生活づくりへの参画」は特別活動全体の中心的な活動であることや自発的、自治的な活動であることを理解して指導に当たらなければならない。そのため、児童生徒の自発的、自治的な活動においては、教師の指導計画以外に、児童生徒の手によって一層具体的な活動計画を作成し、教師の一方的な指導にならないように留意する。

⑥ 特別活動の特質・方法原理を表わす「なすことによって学ぶ」

　特別活動の特質・方法原理として簡潔に表される用語である「なすことによって学ぶ」(Learning by doing) の出典は、ジョン・デューイ（米国 1859 ～ 1952 年　教育哲学者）の経験主義教育思想を具体化したものであり、戦後日本の新教育に与えた影響には大きなものがある。

　デューイが提唱する学習活動を「仕事」を通して実践的・理論的に展開される部分等は、特別活動の体験を通して学ぶ実践的な部分と密接な関係にあり、デューイの経験主義を具体化した「なすことによって学ぶ」ことは、特別活動の特質・方法原理として特に大切にされ、各学校において特色ある取組が行われている。

　「経験による行動の変容は、デューイの言葉に従うならば、『経験の絶えざる再構成』ということになろう。」[13)] 子どもたちは実際の活動や体験において「なすことによって学ぶ」ことができ、自主的、実践的な態度を身に付けている。「人間は、日常の生活や学習において、聞いたことは忘れ、見たことは思い出し、体験したことは心に響き、心に残るものである。その時の体験を振り返り、自らの生き方について考えを深めること

で、心が育ち、態度に結びつき、体で覚えたものは離れない。」

　このような体験は全教育活動において重視され、体験を通して児童生徒が意欲的に学び、実感として分かる学習指導が求められている。とりわけ、特別活動は多様な体験を意図的に計画でき、また多面的な諸活動を展開することができる。そのため、各学校において特色ある取組が行われるが、そこで留意すべきことは、各活動・学校行事において身に付けるべき資質・能力は何なのか、どのような学習過程を経ることにより資質・能力の向上につなげるのかと言うことを意識した指導を行うことである。

7 特別活動の評価

(1) 評価に関する基本的な考え方

　学校教育法第30条第2項が定める学校教育において重視すべき学力の三要素（「知識、技能」「思考力、判断力、表現力等」「主体的に学習に取り組む態度」）を出発点としながら、学習する児童生徒の視点に立ち、育成を目指す資質・能力として整理されたものが、新学習指導要領で示された資質・能力の三つの柱（「知識及び技能」「思考力、判断力、表現力等」「学びに向かう力、人間性等」）である。

　したがって、特別活動の学習の評価については特別活動の視点や各学校や児童生徒、地域等の実態等から評価の観点を設定し、特別活動で目指す資質・能力の育成に生かすようにしなければならない。

　なお、学習指導要領第1章総則第3の2の(1)において、評価については次のように示されている。

（1）　児童のよい点や進歩の状況などを積極的に評価し、学習したことの意義や価値を実感できるようにすること。また、各教科等の目標の実現に向けた学習状況を把握する観点から、単元や題材など内容や時間のまとまりを見通しながら評価の場面や方法を工夫して、学習の過程や成果を評価し、指導の改善や学習意欲の向上を図り、資質・能力の育成に生かすようにすること。

　このことは、個性の伸長を目指し、実践的な活動を特質とする特別活動においては、特に配慮すべきことであり、指導計画の作成、計画に基づく活動、活動後の反省という一連の過程のそれぞれの段階で評価する必要がある。

(2) 特別活動の評価の観点

　新学習指導要領に基づいた評価は、教科等の枠を超えたすべての学習の基盤として育まれる資質・能力の三つの柱に沿って従前の評価の観点を整理し、学校教育目標や児童生徒の実態等を踏まえて明確化しなければならない。このことは、カリキュラム・マネジメントの中心となるものであるので、不断の見直しや具体化が求められる。

　中央教育審議会において、資質・能力の三つの柱の内、「特に『学びに向かう力、人間性等』については、各学校が子供の姿や地域の実情を踏まえて、何をどのように重視するかなどの観点から明確化していくことが重要である。」[14] と示された。本書籍ではこのことや、また、「学びに向かう力、人間性等」は態度や情意に関わることも考慮し、評価の観点にする場合の表記は、「主体的によりよい生活や人間関係を築こうとする態度」または「主体的に取り組む態度」として記述している。

　特別活動の評価においては、新学習指導要領の趣旨を踏まえた評価観点の設定とともに評価観点の趣旨（イメージ）を理解しながら、児童生徒の実態や学習場面に合った評価基準を設定することが大切である。

表1-10　特別活動の評価の観点

小・中・高等学校

観点	よりよい生活や人間関係を築くための知識及び技能	集団の一員としての話合い活動や実践活動を通した思考力、判断力、表現力等	主体的によりよい生活や人間関係を築こうとする態度
観点の趣旨	多様な他者と協働する様々な集団活動の意義や、そうした実践をする上で必要となることを理解し、技能を身に付けている。 (注)小・中・高等学校とも同じ	所属する様々な集団や自己の生活上の課題を見いだし、その解決のために話合い、合意形成を図ったり、意思決定したり、人間関係をよりよく構築したりするために、思考、判断、表現している。 (注)小・中・高等学校とも同じ	自主的、実践的な集団活動を通して身に付けたことを生かし、人間関係をよりよく構築しようとしたり、集団生活や社会をよりよく形成しようとしたり、自己（中学校→人間として）（高等学校→人間としての在り方）の生き方についての考えを深め自己実現を図ろうとしている。 (注)( )内は中学校・高等学校

(注1)　上表の「観点」は、2016年、中央教育審議会答申で示された全教科横断的な評価観点である。

(注2)　上表の「観点の趣旨」は、観点のイメージの説明である。したがって、この部分は、次の(3)に示す評価規準の内容を文書で表すことになる。
本書は、以上の視点から執筆している。

(3) 特別活動の評価規準

　評価規準は、評価の観点ごとに、「この学習で身に付けさせたい力」を学習指導要領の「内容」「指導事項」を基にして文書表記したものである。評価規準は学習の見通しをもたせるために、授業の最初に児童生徒に示すことを前提に設定しなければならない。
以下に学級活動の評価規準を示す。

表1-11　学級活動の評価規準（例）

小学校４年　　学級活動（1）ウ・・・社会参画

議題「みんなが楽しく参加できる大なわとび大会の計画を立てよう」

観点	知識及び理解	思考力、判断力、表現力等	主体的に取り組む態度
評価規準	みんなが楽しく参加できる集団活動の意義を理解し、活動を行う上で必要となる話合い活動や合意形成の方法を身に付ける。	いろいろな意見を理解し、学級生活の向上を目指して、課題の解決のために話し合って合意形成を図ることができる。	学級内の多様な集団や活動に参加し、問題を主体的に解決することを通して、よりよい生活づくりができる。

(4) 特別活動の評価のポイント

①　特別活動の評価は、多くの教師の目で「指導計画」「指導方法」「集団および個人の変容」について評価することを共通理解しておかなければならない。

②　評価は、事前・本時・事後の活動過程ごとに評価することが大切である。その際、活動の結果の出来栄えを評価するだけではなく、活動の過程における児童生徒の努力や意欲などを積極的に認める評価にしなければならない。

③　全ての観点を1単位時間に評価する必要はなく、本時の指導のねらいに合った観点に絞って評価する。評価に多大な時間を要すると児童生徒と十分関わることができなくなる。

④　特別活動の指導は、学級活動・ホームルーム活動以外は、多くの教師が関わることになる。そこで、関係のある教師と担任教師との間で情報交換を密にすることや、評価に必要な資料等を収集し、活用できる評価体制を整えておくことが必要である。

⑤　特別活動は、社会性など豊かな人間性の育成を目指している。

したがって特別活動においては、教科における評価と違って幅が広く、「十分満足できる」「十分満足できていない」程度の段階で評価する。

※　得点による評価は、人間性育成の機能を有する学習活動には馴染まない。(このような視点からも、全教科横断的な評価観点であって、各教科等全体を通して育成する資質・能力の「三つの柱」の三番目に挙げられている「人間性等」には、情意面が含まれ、得点等の評価には馴染まないことを理解したい。そのため、この部分の観点を「主体的に取り組む態度」と表記している。)

⑥　指導要録や家庭への通知表には、評価の観点に照らして、十分に満足できる活動の状況にある場合には、該当項目に「〇」を付ける。

(5) 特別活動の各観点の評価方法

評価方法としては、指導と評価の一体化を図り、多様な活動に取り組ませるパフォーマンス評価などを取り入れ、多面的・多角的な評価を行う。

表1-12　特別活動の評価方法 (例)

〇「知識及び技能」
・　例えば、発言の内容、グループでの話合い、質問紙、学級会ノートの記述、チェックカード等
〇「思考力、判断力、表現力等」
・　例えば、行動の観察、発言の内容、グループでの話合い、学級会ノートの記述、振り返りカードの記述、チェックカード、情報の収集・整理、質問紙等
〇「主体的に取り組む態度」
・　例えば、行動の観察、発言の内容、グループでの話合い、学級会ノートの記述、振り返りカードの記述、チェックカード等

(6) 特別活動の評価用紙の様式・内容

　特別活動の評価用紙の様式・内容は、前述の三つの評価観点や各活動・学校行事の特質を踏まえたものになる。指導要録「特別活動の記録」欄以外の評価の様式・内容は、各学校としての重点化や工夫を踏まえ、育てようとする資質や能力などに即し、より具体的に定めることが考えられる。

　次頁に児童生徒記入と教師記入の評価用紙（例）を紹介する。

小学校　学級会（振り返り）

① 　児童生徒記入の評価用紙

| 5年2組 | 名前 | |

☆ 　今日の学級会の内容や参加態度をふり返ってみましょう。

① 　学級目標をふまえて、自分は何をがんばれたか、ふり返ることができましたか。　　　　　　　　　　　　（主体的な態度）	A	B	C
② 　話し合いにおいて、自分の考えをはっきりと話すことができましたか。 （知識及び技能）（思考、判断、表現）	A	B	C
③ 　友だちの意見をしっかりと聞き取ることができましたか。　　　　　　　　　　　　　　　　　　（思考、判断）	A	B	C
④ 　今まで気付かなかった友だちの考えを知ることができましたか。　　　　　　　　　　　　　　（知識及び技能）	A	B	C

図1-1　小学校　学級会（振り返りカード）

委員会振り返りカード

| 　　　　　　　　委員会 | 　年　　組　名　前　　　　　　　　　　 |

委員会のめあて | |

1年間を通して…
①めあてを意識して活動できた　　　（　よくできた　・　できた　・　もう少し　）
②自分から積極的に発言したり、活動に参加したりすることができた
　　　　　　　　　　　　　　　　　（　よくできた　・　できた　・　もう少し　）
③よりよい、より楽しい学校生活になるように考えて活動を工夫することができた
　　　　　　　　　　　　　　　　　（　よくできた　・　できた　・　もう少し　）

がんばったこと・よかったこと

図1-2　小学校　委員会活動（振り返りカード）

○○クラブ　個人カード

年　　組　（　　　　　　　　　）

月　　日　（　　）

○　今日の活動内容　　（　　　　　　　　　　　　　　　　）

クラブ全体のめあて	
グループのめあて	
自分のめあて	

○　今日の反省
・めあてを守って活動できたか。　　（よくできた・まあまあ・できなかった）
・協力して、楽しく活動できたか。　（よくできた・まあまあ・できなかった）
・あとかたづけはできたか。　　　　（よくできた・まあまあ・できなかった）

図1-3　小学校　クラブ活動（振り返りカード）

遠足のふり返りカード

（　　年　　組）　　名前（　　　　　　　　　）

（めあて）
・全　　体〔　　　　　　　　　　　　　　　　　　　　〕
・グループ〔　　　　　　　　　　　　　　　　　　　　〕

1.　みんなと仲よくできましたか。	◎	○	△
2.　グループでは、協力することができましたか。	◎	○	△
3.　めあてや約束は、守れましたか。	◎	○	△
4.　見たり、聞いたりしたことを覚えていますか。	◎	○	△
5.　遠足に行って感じたこと、考えたこと。	◎	○	△
〔　　　　　　　　　　　　　　　〕			

図1-4　小学校　学校行事（振り返りカード）

学校行事カード（体育祭）

　　　　年　　　組　　　番　　　氏名

1　行事の目標

・運動に親しむとともに、規律ある集団行動をする。
・自分の役割を自覚し、自主的に活動して自分の責任を果たす。
・互いに協力して取り組み、学級やブロックの絆を深める。

2　行事で大切なこと

3　自分の役割や係

4　自分の目標

5　振り返り

	とても そう思う			まったく そう思わない
①自ら進んで取り組もうとした	A	B	C	D
②自分の役割を果たすことができた	A	B	C	D
③周りの人との絆を深めることができた	A	B	C	D
④学んだことを今後の学校生活に生かそうと思う	A	B	C	D
⑤自分の目標を達成できた	A	B	C	D

6　この行事で学んだことや感想

図1-5　中・高等学校　学校行事（学校行事カード）

②　教師記入の評価用紙

観点／児童氏名	知・技		思・判・表			主体的態度			特記事項
	知識・理解	活動への技能	見方・考え方	総合的な判断	創造的な表現	意欲的な活動	主体的な生活	他者との協力	
△△　△△			○		○			○	
□□　□□	○				○	○			
◇◇　◇◇	○								

図1-6　小学校　学級活動・児童会活動・クラブ活動・学校行事（評価カード）

年度　第○学期　特別活動評価資料集約シート

年　　組　　学級担任氏名

記入者確認欄〔学年主任・生徒指導主事・養護教諭・○○教諭・○○教諭・○○教諭〕

生徒氏名（役割）	内容	評価の観点			○印の記入者氏名とメモ	まとめ
		生活や人間関係を築く知識及び技能	集団や社会の一員としての思考、判断、表現等	主体的に活動に取り組む態度		
△△△△（生活委員）	学級活動		○		（記入者氏名）学級で企画したゴミ拾いボランティア活動を実践した。	
	生徒会活動	○		○	（記入者氏名）委員長としてリーダーシップを発揮した。（記入者氏名）毎朝あいさつ運動に参加した。	
			○			
	学校行事	○	○		（記入者氏名）修学旅行での班別活動では班員の世話をする姿をよく見かけた。	
◇◇◇◇（美化委員）	学級活動					
	生徒会活動					

学級担任以外の教師が、補助簿等に累積した記録や、生徒が作成した各種記録等を参考に行った評価結果を記入する。

○印を付けた場合に、記入した教師の氏名とその根拠となる事実等を記入する。

学級活動の評価は、主として学級担任が行うが、必要に応じ学級担任以外の教師から情報を集めることも考えられる。

図1-7　中学校　特別活動全体（評価資料集約シート）[15]

引用文献

1)　全国特別活動研究協議会『全特活50周年記念リーフレット』全国特別活動研究協議会資料　2006年

2)　文部科学省『小学校学習指導要領解説　特別活動編』　平成29年 p. 30

3)　同上書pp. 18-19, 文部科学省『中学校学習指導要領解説　特別活動編』東洋館出版社　平成29年 pp. 17-19, 文部科学省『高等学校学習指導要領解説　特別活動編』　平成30年 pp. 16-18

4)　文部科学省『小学校学習指導要領解説　特別活動編』東洋館出版社　平成29年 p. 32

5)　文部科学省『小学校学習指導要領』東洋館出版社　平成29年 p. 189

6)　文部科学省『小学校学習指導要領解説　特別活動編』東洋館出版社　平成21年 p. 9

7)　宇留田敬一著『特別活動論』教育大全集32　第一法規　1977年 p. 129

8)　文部科学省『小学校学習指導要領解説　特別活動編』東洋館出版社　平成29年 pp. 12-13

9)　杉田　洋編著『小学校新学習指導要領　ポイント総整理　特別活動』東洋館出版社　2017年 p. 29

10)　文部科学省『小学校学習指導要領解説　特別活動編』東洋館出版社　平成29年 pp. 22-23

11)　文部科学省『徳育面から重視すべき課題』　子どもの徳育に関する懇談会資料　2009年

12)　中園・松田著「21世紀に必要な『生き抜く力』を育む特別活動の理論と実践」改訂版　学術研究出版　2019年 pp. 29

13)　山口満・安井一郎編著『特別活動と人間形成』学文社　2012年 pp. 119-122

14)　文部科学省『幼稚園、小学校、中学校、高等学校及び特別支援学校の学習指導要領等の改善及び必要な方策等について』中央教育審議会答申 2016年 p. 11

15)　国立教育政策研究所『評価基準の作成、評価方法等の工夫改善のための参考資料（中学校　特別活動）』　2011年 p. 54

参考文献

1) 山口満・安井一郎編著『特別活動と人間形成』学文社　2012 年

2) 文部文部科学省「子どもの社会性が育つ『異年齢の交流活動』」国立教育政策研究所生徒指導研究センター　平成 23 年

3) 文部科学省『初等教育資料』平成 29 年 7 月号

4) 文部科学省『初等教育資料』平成 29 年 10 月号

5) 文部科学省『小学校学習指導要領解説　特別活動編』東洋館出版社　平成 29 年

6) 杉田洋編著　『小学校学習指導要領ポイント総整理』特別活動編　東洋館出版社　2017 年

7) 国立教育政策研究所『教育課程の編成に関する基礎的研究報告書 5—社会の変化に対応する資質や能力を育成する教育課程編成の基本原理—』

8) 特別活動研究書籍編集委員会編『特別活動指導ハンドブック』大阪市小学校教育研究会　2006 年

9) 国立教育政策研究所教育課程研究センター　『楽しく豊かな学級・学校生活をつくる特別活動　小学校編』文溪堂　平成 26 年

10) 大阪市小学校教育研究会『児童会活動指導のレシピ』児童会活動部　2003 年

小学校　学校行事（学芸会）

第2章

小学校の特別活動

第１節　小学校の特別活動の目標・内容・指導計画

1　特別活動の目標

新学習指導要領の第６章において、小学校の特別活動の目標は次のように示されている。

表2-1　特別活動の目標[1)]

> 集団や社会の形成者としての見方・考え方を働かせ、様々な集団活動に自主的、実践的に取り組み、互いのよさや可能性を発揮しながら集団や自己の生活上の課題を解決することを通して、次のとおり資質・能力を育成することを目指す。
> ⑴　多様な他者と協働する様々な集団活動の意義や活動を行う上で必要となることについて理解し、行動の仕方を身に付けるようにする。
> ⑵　集団や自己の生活、人間関係の課題を見いだし、解決するために話し合い、合意形成を図ったり、意思決定したりすることができるようにする。
> ⑶　自主的、実践的な集団活動を通して身に付けたことを生かして、集団や社会における生活及び人間関係をよりよく形成するとともに、自己の生き方についての考えを深め、自己実現を図ろうとする態度を養う。

新学習指導要領においては、汎用的な能力の育成を重視する世界的な潮流を踏まえ、全ての教科等の目標及び内容を「知識及び技能」、「思考力、判断力、表現力等」、「学びに向かう力、人間性等」の三つの柱で整理しており、特別活動にも適用された。したがって、特別活動の目標の (1) ～ (3) は、次の資質・能力の育成を目指している。

(1) 生きて働く「知識及び技能」の習得
(2) 未知の状況にも対応できる「思考力、判断力、表現力等」
(3) 学びを人生や社会に生かそうとする「学びに向かう力、人間性等」の涵養

　なお、特別活動が目標としていることは、従前と変わらないことを前提とし、特別活動で育む資質・能力である三つの視点「人間関係形成」、「社会参画」、「自己実現」を踏まえ、上記に示した全教科共通の三つの柱に整理された資質・能力の育成を図らなければならないことに留意したい。

② 特別活動の内容

　小学校の特別活動の目標を達成するために、特別活動は次の 4 つの内容で構成されている。

表2-2　特別活動の 4 つの内容（以下「各活動・学校行事」と表記する。）

（1）学級活動　　（2）児童会活動　　（3）クラブ活動　　（4）学校行事

　特別活動の 4 つの内容の内、学級活動は学級の問題に係る活動だけでなく、他の内容の充実・向上を目指した活動も行うこととなる。したがって、特別活動は、学級活動を中核として相互関連を適切に図りながらその目標を達成しなければならない。

③ 特別活動の指導計画

　小学校における特別活動の目標を調和的・効果的に達成するには、適切な指導計画が必要である。特に、特別活動は教科書が無いことや、各教科等の教育活動にもまして各学校の独自性が生かされる教育活動であるゆえ、全教職員の共通理解の下に指導計画を作成しなければならない。
　指導計画には、特別活動全体の指導計画に当たる「全体計画」と特別活動の内容ごとの方法や資料などについて具体的に示した「年間指導計

画」がある。ここでは全体計画について取り上げ、各内容の年間指導計画は次節で記述する。

　全体計画に示す内容には、次のようなものが考えられる。

表2-3　特別活動の全体計画に示す内容[2]

○学校教育目標
○特別活動の重点目標
○各教科、道徳科、外国語活動及び総合的な学習の時間などとの関連
○学級活動、児童会活動、クラブ活動、学校行事の目標と指導方針
○特別活動に充てる授業時数等
○特別活動を推進する校内組織
○評価　　など

小学校　児童会活動（全校児童集会）

　特別活動の全体計画（例）を次頁に示す。

○日本国憲法 ○教育基本法 ○学習指導要領 ○県・市「教育方針」			

学校教育目標

「たがいに認め合い、心豊かに、たくましく生きる子どもの育成」

【目指す子ども像】

○よく考え行動する子　○思いやりのある子ども　○健康でたくましい子

○社会の要請
・少子化、情報化、国際化等の社会に対応できる汎用的な能力
・保護者の願い
・基礎学力、豊かな人間性、規範意識等の定着

他の教育活動との関連

〈各教科〉
○基礎学力の定着
○言語活動の重視
○体験活動の重視
〈道徳〉
○自立心や自律性、生命の尊重
○自己の生き方を考える
○特別活動における道徳的実践の充実により、道徳性の育成を図る。
〈外国語、外国語活動〉
○コミュニケーション能力の育成
○異文化との出会いや交流
〈総合的な学習の時間〉
○課題解決能力の育成
○自然体験、社会体験の重視
○自己の生き方を考える

特別活動の目標

集団や社会の形成者としての見方・考え方を働かせ、様々な集団活動に自主性、実践的に取り組み、互いのよさや可能性を発揮しながら集団や自己の生活上の課題を解決することを通して、次のとおり資質・能力を育成することを目指す。
(1)多様な他者と協働する様々な集団活動の意義や活動の意義や活動を行う上で必要となることについて理解し、行動の仕方を身に付けるようにする。
(2)集団や自己の生活、人間関係の課題を見いだし、解決するために話し合い、合意形成を図ったり、意思決定をしたりすることができるようにする。
(3)自主的、実践的な集団活動を通して身に付けたことを生かして、集団や社会における生活及び人間関係をよりよく形成するとともに、自己の生き方についての考えを深め、自己実現を図ろうとする態度を養う。

【本校の特別活動の重点目標】
○学級・学生生活の向上を目指し、諸問題の解決に取り組むことができる。
・みんなと協力し合い、認め合いながら望ましい人間関係を築き、楽しく活動することができる。
・話合いを大切にし、諸問題の解決を目指して努力することができる。

児童・地域の実態

［児童］
○児童数　426人
○学級数　11
　（特別支援学級数2）
・明るく素直で元気である。
・積極性やコミュニケーション能力不足、直接体験の不足
［地域］
○住宅が密集し、広場が少ない。
○地域行事を大切にしている。
○学校への期待が高い。

保護者・地域との連携活動
○公園清掃
○昔遊び
○本の読み聞かせ
○地域の文化活動（踊り、等）
○商店街の見学

生活指導
○自己教育力の育成
○登下校の安全指導
○規範意識のさらなる醸成
○月生活目標の指導
○教育相談の推進

その他の教育活動
○朝の会、帰りの会
・生活指導、発表・連絡等
○当番活動
・日直、給食や清掃等、その他
○縦割り活動

学級活動

【学級活動の目標】
学級や学校での生活をよりよくするための課題を見いだし、解決するために話し合い、合意形成し、役割を分担して協力して実践したり、学級での話合いを生かして自己の課題の解決及び将来の生き方を描くために意思決定して実践することに、自主的、実践的に取り組むことを通して、第1の目標に掲げる資質・能力を育成することを目指す。

【組織・活動内容・時数】
(1)話合い活動
　1年…34時間
　2〜6年…35時間
①内容(1)：学級や学校における生活づくりへの参画
②内容(2)：日常の生活や学習への適応と自己の成長及び健康安全
③内容(3)：一人一人のキャリア形成と自己実現
(2)係活動　常時活動
(3)集会活動　各学期1〜2時間

【評価の観点】
・知識及び技能
・思考力、判断力、表現力等
・主体的に取り組む態度

児童会活動

【児童会活動の目標】
異年齢の児童同士で協力し、学校生活の充実と向上に関する諸問題の解決に向けて、計画を立て役割を分担し、協力して運営することに自主的、実践的に取り組むことを通して、第1の目標に掲げる資質・能力を育成することを目指す。

【組織・活動内容・時数】
・主として5年生以上の児童が運営する。
(1)代表委員会　　　月1回
　・毎月第2水曜日　放課後
(2)委員会活動　　　月1回
　・毎月第1木曜日　第6校時
(設置委員会)
　・集会、新聞、放送、図書、運動、給食、健康、飼育栽培、等
(3)児童会　全校集会活動
　・特別集会　　学期1〜2回
　・集会委員会担当　週1回

【評価の観点】
・知識及び技能
・思考力、判断力、表現力等
・主体的に取り組む態度

クラブ活動

【クラブ活動の目標】
異年齢の児童同士で協力し、共通の興味・関心を追求する集団活動の計画を立てて運営することに自主的、実践的に取り組むことを通して、個性の伸長を図りながら、第1の目標に掲げる資質・能力を育成することを目指す。

【組織・活動内容・時数】
・4年生以上の児童で組織する。
・毎月第2・3・4・(5)木曜日
　第6校時　年間20時間程度
・クラブ見学会12月　1時間
・クラブ発表会12月　1時間
(1)クラブ活動の計画や運営
(2)クラブ活動を実践する時間
(3)クラブ活動の成果の発表
(設置クラブ)
・科学、イラスト、パソコン、ゲーム、手芸、卓球、バドミントン、球技、等

【評価の観点】
・知識及び技能
・思考力、判断力、表現力等
・主体的に取り組む態度

学校行事

【学級行事の目標】
全校又は学年の児童で協力し、よりよい学校生活を築くための体験的な活動を通して、集団への所属感や連帯感を深め、公共の精神を養いながら、第1の目標に掲げる資質・能力を育成することを目指す。

【行事の種類・内容・時数】
(1)儀式的行事
　・入学式、離着任式、始業式、卒業式、終業式、児童朝礼
(2)文化的行事
　・学芸会、音楽会、展覧会
(3)健康安全・体育的行事
　・健康診断、避難訓練、交通安全指導、プール開き、運動会、体力テスト
(4)遠足・集団宿泊的行事
　・遠足、修学旅行
(5)勤労生産・奉仕的行事
　・校内美化活動、交流活動

【評価の観点】
・知識及び技能
・思考力、判断力、表現力等
・主体的に取り組む態度

※学級活動は特別活動の基盤となり児童会活動、クラブ活動、学校行事の自主的、実践的な活動の活発化を図る。

図2-1　小学校　特別活動の全体計画（例）

　この特別活動の全体計画に基づいて、学校や学年又は学級ごとなどに指導目標、指導内容、指導の順序、指導方法、指導の時間配当、評価などを具体的に示した指導計画が、次節より記述する各活動・学校行事の指導計画である。

第２節　学級活動の目標・内容・指導

　学級活動は、学校生活の基本単位である学級生活を創る自主的な活動である。それゆえ、他の特別活動の各活動・学校行事の充実・向上を目指す"基盤の活動"としての役割も担っている。指導計画を立てる際は、児童会活動・クラブ活動・学校行事との相互関連を図りつつ、目標の達成を目指していく視点が必要である。

　次に、学級活動の目標・内容を示す。

① 学級活動の目標[3]

> 　学級や学校での生活をよりよくするための課題を見いだし、解決するために話し合い、合意形成し、役割を分担して協力して実践したり、学級での話合いを生かして自己の課題の解決及び将来の生き方を描くために意思決定して実践したりすることに、自主的、実践的に取り組むことを通して、第1の目標に掲げる資質・能力を育成することを目指す。

※下線部分、「第1の目標に掲げる資質・能力とは(1)「知識及び技能」、(2)「思考力、判断力、表現力等」、(3)「学びに向かう力、人間性等」である。

② 学級活動の内容[4)]

　学級活動の目標に示されている資質・能力を育成するため、全ての学年において、それぞれの活動の意義及び活動を行う上で必要となることについて理解し、主体的に考えて実践できるよう指導する。

　なお、今回の学習指導要領の改訂において、学級活動の内容については、基本となる所は大きく変わっていないが、新たに学習内容が整理された。また、後述に取り上げる指導過程の例が示された。以下に、学級活動の内容を示す。

(1) 学級や学校における生活づくりへの参画

　　ア　学級や学校における生活上の諸問題の解決

　　　　学級や学校における生活をよりよくするための課題を見いだし、解決するために話し合い、合意形成を図り、実践すること。

　　イ　学級内の組織づくりや役割の自覚

　　　　学級生活の充実や向上のため、児童が主体的に組織をつくり、役割を自覚しながら仕事を分担して、協力し合い実践すること。

　　ウ　学校における多様な集団の生活の向上

　　　　児童会など学級の枠を超えた多様な集団における活動や学校行事を通して学校生活の向上を図るため、学級としての提案や取組を話し合って決めること。

(2) 日常の生活や学習への適応と自己の成長及び健康安全

　　ア　基本的な生活習慣の形成

　　　　身の回りの整理や挨拶などの基本的な生活習慣を身に付け、節度ある生活にすること。

　　イ　よりよい人間関係の形成

　　　　学級や学校の生活において互いのよさを見付け、違いを尊重し

合い、仲よくしたり信頼し合ったりして生活すること。
ウ　心身ともに健康で安全な生活態度の形成
　　現在及び生涯にわたって心身の健康を保持増進することや、事
件や事故、災害等から身を守り安全に行動すること。
エ　食育の観点を踏まえた学校給食と望ましい食習慣の形成
　　給食の時間を中心としながら、健康によい食事のとり方など、
望ましい食習慣の形成を図るとともに、食事を通して人間関係を
よりよくすること。

(3) 一人一人のキャリア形成と自己実現

ア　現在や将来に希望や目標をもって生きる意欲や態度の形成
　　学級や学校での生活づくりに主体的に関わり、自己を生かそう
とするとともに、希望や目標をもち、その実現に向けて日常の生
活をよりよくしようとすること。
イ　社会参画意識の醸成や働くことの意義の理解
　　清掃などの当番活動や係活動等の自己の役割を自覚して協働す
ることの意義を理解し、社会の一員として役割を果たすために必
要となることについて主体的に考えて行動すること。
ウ　主体的な学習態度の形成と学校図書館の活用
　　学ぶことの意義や現在及び将来の学習と自己実現とのつながり
を考えたり、自主的に学習する場としての学校図書館等を活用し
たりしながら、学習の見通しを立て、振り返ること。

③ 学級活動の指導

　学級活動の指導計画には、年間指導計画と 1 単位時間の指導計画がある。教師は、学校としての特別活動の全体計画をもとに、自ら作成した年間指導計画に即して 1 単位時間の指導計画を作成し、指導に当たる。

表2-4　学級活動指導の学年別配慮事項[5]

学　　　年	指導に当たり配慮すること
第1学年 及び第2学年	話合いの進め方に沿って、自分の意見を発表したり、他者の意見をよく聞いたりして、合意形成をして実践することのよさを理解すること。基本的な生活習慣や、約束やきまりを守ることの大切さを理解して行動し、生活をよくするための目標を決めて実行すること。
第3学年 及び第4学年	理由を明確にして考えを伝えたり、自分と異なる意見も受け入れたりしながら、集団としての目標や活動内容について合意形成を図り、実践すること。自分のよさや役割を自覚し、よく考えて行動するなど節度ある生活を送ること。
第5学年 及び第6学年	相手の思いを受け止めて聞いたり、相手の立場や考え方を理解したりして、多様な意見のよさを積極的に生かして合意形成を図り、実践すること。高い目標をもち粘り強く努力し自他のよさを伸ばし合うようにすること。

小学校　学級活動（話合い）

(1) 学級活動の指導計画

表2-5　学級活動年間指導計画　（例）　　　○○小学校

<table>
<tr><td rowspan="2">重点目標</td><td>学級活動を通して、児童たちが互いに協力し合って、人間関係を築き、学級、学校生活の諸問題を自主的に解決しようとする実践的な態度を養う。</td></tr>
</table>

学級活動の内容	【三つの活動内容】 (1) 学級や学校における生活づくりへの参画 　ア　学級や学校における生活上の諸問題の解決 　イ　学級内の組織づくりや役割の自覚 　ウ　学校における多様な集団の生活の向上 (2) 日常の生活や学習への適応と自己の成長及び健康安全 　ア　基本的な生活習慣の形成 　イ　よりよい人間関係の形成 　ウ　心身ともに健康で安全な生活態度の形成 　エ　食育の観点を踏まえた学校給食と望ましい食習慣の形成 (3) 一人一人のキャリア形成と自己実現 　ア　現在や将来に希望や目標をもって生きる意欲や態度の形成 　イ　社会参画意識の醸成や働くことの意義の理解 　ウ　主体的な学習態度の形成と学校図書館の活用

【活動形態】

○話合い活動　「話合い活動」は、学級活動の中心的な活動形態である。特に、上記の活動内容 (1) において中心的な役割を果たす「学級会」では、学級や学校の生活をよりよくするための課題を学級全員で話し合う。

○係　活　動　児童たちが、学級内の仕事を分担処理し、自分たちの力で学級生活を楽しく豊かにする。必要な係は話合い活動で決め、全員が役割を行う。（図書係、生き物係、落し物係、集会係、掲示係……）

○集 会 活 動　集会活動を通して、学級生活を楽しく豊かにし、友だちと一層仲良くできるようにする。（誕生会、ゲーム大会、ドッジボール大会、カルタ大会、グループ新聞発表会、劇の発表会……）

話合い活動　各学年の授業時数のめやす　（例）

	1年	2年	3年	4年	5年	6年
学級活動 (1) の内容	18	20	20	21	21	21
学級活動 (2) の内容	11	10	10	10	10	10
学級活動 (3) の内容	5	5	5	4	4	4

話合いの配慮事項		
低学年	中学年	高学年
話合いの進め方に沿い自分の意見を発表し、他者の意見をよく聞いて、合意形成して実践することのよさを理解する。基本的な生活習慣や、約束やきまりを守ることの大切さを理解して行動し、生活をよくするための目標を決めて実行する。	理由を明確にして考えを伝え、自分と異なる意見も受け入れながら、集団としての目標や活動内容について合意形成を図り、実践する。自分のよさや役割を自覚し、よく考えて行動するなど節度ある生活を送る。	相手の思いを受けとめて聞き、相手の立場や考え方を理解して、多様な意見のよさを積極的に生かして合意形成を図り、実践する。高い目標をもって粘り強く努力し、自他のよさを伸ばし合うようにする。

【学級活動と他の教育活動との関連】

○　指導計画作成に当たって、まず「学級経営との関連」を図る。次に、カリキュラム・マネジメントの実現に向け「育てるべき資質・能力」を明確にした上で、効果的な学習内容や活動を組み立てる。その際、各教科等における学びと次の様に関連付けていくことが肝要である。

・　各教科等での学びの経験や身に付けた資質・能力が学級活動でよりよく活用できるようにする。また、学級活動で身に付けた資質・能力が各教科等の学びに生かされるようにする。

・　国語科等を中心として各教科等の学習で身に付けた言葉を、学級活動の話合い活動に置いて適切に活用したり、互いの意思疎通をより密接にしたりできるようにする。

・　キャリア教育、食育、主体的な学習の形成と図書館等の活用は、様々な教育活動との関連を図りながら、学級活動の特質を踏まえて指導することが大切である。

【評　価】

○　評価の観点である「知識及び技能」「思考力、判断力、表現力等」、「主体的に取り組む態度」は、全学年共通であるが、評価規準については各学年段階に即した基準を設ける。

	1. 知識及び技能	2. 思考力、判断力、表現力等	3. 主体的に取り組む態度
評価規準	よりよい学級をみんなで築くことの大切さが分かり、集団の意思決定を適切に行う話合い活動の進め方等を理解して、計画的に実践している。	学級生活上の様々な課題を見いだし、その解決を図るためにみんなで考えを出し合ったり、意思決定を図ったりしてよりよい結果を導こうとしている。	自主的、実践的な集団活動を通して身に付けたことを生かし、進んで人間関係や学級生活をよりよくしようと取り組もうとしている。

　前掲の学級活動の年間指導計画に基づき、各学年の発達の段階を考慮した年間指導計画を作成することになる。以下に、第6学年の例を示す。

表2-6　６年○組　学級活動　年間活動計画　（例）　　○○小学校

重点目標	互いに認め合い、支え合ってよりよい学級を築くために諸問題を自主的に解決していこうとする主体的な生き方をめざす。				
月	学級活動(1)の内容 （年間時数 21 時間）	学級活動(2)の内容 （年間時数 10 時間）	学級活動(3)の内容 （年間時数 4 時間）	時数	全教育活動との関連
4	学級の目標を決めよう 学級の係を決めよう	６年生になって	係・当番の意義を考えよう	4	・最高学年自覚（道徳科、朝の会等）等
5	学級集会の年間計画を立てよう 思い出に残る修学旅行にしよう	本当の仲間になろう		3	・学級集会年間計画の立案（日常の指導等）等
6	「交流給食会」を楽しくしよう 児童会への提案等について	みんなの命を大切にしよう	委員会活動を活発にしよう	4	・委員会活動（児童会活動、道徳科等）等
7	お楽しみ会の計画を立てよう （お楽しみ会の実施１時間）	夏休みのくらし方を考えよう		3	・お楽しみ会の計画（日常の指導、朝の会等）等

注：学級集会の時間などの実践時間は、基本的に学級活動の時間を用いる。

(2) 話合い活動

[1単位時間の指導計画と実際]

　　1単位時間の指導計画は、一般的に「学習指導案」と称される。そして、内容(1)「学級や学校における生活づくりへの参画」、内容(2)「日常の生活や学習への適応と自己の成長及び健康安全」、内容(3)「一人一人のキャリア形成と自己実現」の各々の特質を踏まえて作成する。

> ### 学級活動（1）　学級や学校における生活づくりへの参画とは
>
> ○　学級集団の話合いを通して、目標を集団決定して実践する児童の自発的、自治的な活動を特質としている。
>
> ○　教師の適切な指導の下に、児童たちが学級や学校の生活づくりに関わる諸問題を見いだし「議題名」を決めて話合いの

司会や記録を行い、話合いにより合意形成、集団決定が行えるようにする。

○　議題名の実際

「学級目標を決めよう」、「係を決めよう」、「学級集会をしよう」、他

学級活動（2）　日常の生活や学習への適応と自己の成長及び健康安全とは

○　学級集団での話合いを通して、個人で意思決定し、それを実践する児童の自主的、実践的な活動を特質としている。

○　個々の児童が共通に解決すべき「現在の生活上の課題」を「題材名」として教師が設定し、意図的・計画的な指導により、集団思考をふまえて適切に個人の意思決定が行えるようにする。

○　題材名の実際

・「○年生になって」、「コロナ感染の予防」、「みんな仲よくしよう」、他

学級活動（3）　一人一人のキャリア形成と自己実現とは

○　活動の過程は先述した内容(2)とほぼ同じであるが、(3)では「将来を見通した生活や学習に関する課題」として題材設定する。

○　題材名の実際

・「がんばるぞ！自由学習」、「係の活動を活発にしよう」等

小学校　学級活動（1）の学習指導案

学級活動　学習指導案（例）

指導者　第 4 学年　○○　○○

1　日　　時　　○○年○月○日（○時限）

2　学年・組　　第 4 学年 2 組　　在籍　34 名

3　議 題 名　　「ワクワク集会の計画を立てよう」

4　指導にあたって

(1)　学級の実態

　　本学級の児童は元気であるが、係活動や学習や生活グループでの様々な活動で仲間意識や連帯感を高めたり、全員が共感したりすることができていない。4月当初から、よりよい集団のあり方や協力の大切さ等について指導してきた。そのため、現在では…。しかし、…。

(2)　議題設定の理由

　　児童が学級集会の実施を望む2学期末の時期に、全員で協力して楽しい集会の自主的な計画の立案を支援し、実現に向けた協働活動を適切に援助していきたい。

(3)　育成を目指す資質・能力

・　学級集団の目標を理解し、それを達成するための活動内容を工夫できる。

・　自他の考えを大切にしながら、適切に合意形成を図る前向きな話合いができる。

・　自他のよさや役割を自覚し、よく考えて目標実現に向けた自主的行動ができる。

(4)　指導のねらい

　　本実践の自主的活動の過程で、集団で活動することの楽しさや大切さを経験的に理解し、仲間意識をさらに高めていく機会としたい。また、…

5　本時の活動に至るまでの経過

(1)　○月○日（○）計画委員会　　・議題を決定し、役割分担を決める。

(2)　○月○日（○）朝の会　　　　・議題と提案理由を知らせる。

6　本時のねらい

(1)　みんなが楽しく参加できる集会を協力して考えることができる。

(2)　相手の意見を聞き、自分の考えに役立てることができる。

7　本時の活動

議　　　題	ワクワク集会の計画を立てよう								
提案理由	2学期の終わりに、楽しい集会の計画をみんなで協力して話合い、実行してよい思い出をつくりたいので提案をしました。								
司会	○○	副司会	○○	黒板	○○	ノート	○○	提　案	○○

活動内容	支援・援助のねらい	○評価　　　・準備物
1. はじめのことば 2. 司会グループの自己紹介 3. 議題の確認 4. 提案理由の確認 5. 決定事項の確認	○自己紹介と自分のめあてを、はっきり言えるように助言する。 ○分かりやすく説明できるようにする。 ○決定事項を黒板に貼り、共通理解を深めることを促す。	・「司会用ノート」 ・「学級活動ノート」 ○分かりやすい発表になっているか。 ・短冊用紙
6. 話合い 　(1)「楽しい内容」を決める 　(2)「必要な役割」を決める	○自分も周りも楽しめる内容を決めることを理解させる。 ○楽しい集会にするため必要な係を決めることを促す。	○「自分もよし、周りもよし」で発表できたか。 ○必要な役割を決められたか。
7. 決定事項の確認 8. 振り返り 9. 先生の話 10. おわりのことば	○決定事項を正確に伝えられ、それを全員で共通認識できるようにする。 ○自分や友達の良かったところや、頑張りたいことを振り返りカードに記入することを促す。 ○よい発言等を称賛し、決定事項の実践を目指す今後の活動への意欲を高めるようにする。	○全員が、決定事項を正確に確認できたか。 ・「学級活動ノート」 ・「振り返りカード」 ○充実感や満足感をもち、実践への意欲が高まったか。

小学校　学級活動（学級集会）

学級活動（1）の指導の配慮事項

[意見をまとめる方法]

　　いつまでも自分の意見だけに固執していると総意がまとまらない。話合いは多数の意見でまとめていくことが基本であるが、賛成や反対を述べ合うだけでは「数の論理」で決定する場合も生じる。そうなると、納得できずに人間関係まで損なわれることになる。大切なことは、それぞれの意見を比べ合い、「自分もよし・相手もよし・周りもよし」の心がまえで折り合いを付けていくことである。そのために、次のような方法を工夫したい。

　（みんなが）

　　　○　それぞれの意見をあわせる。（「折り合い」をつける）

　　　○　「自分もよし・相手もよし・周りもよし」の心がまえで、新しい考えをつくる。（「納得解」をみつける）

　　　○　多くの意見が出た場合は、グルーピング等の適切な情報処理の手法で整理して分かりやすくする。（例えば、シンキングツール等の活用）

　　　☆　時には、優先順位を付けて実施の順番を決めることもある。

　　（例えば、次回はＡを行うことにして、今回はＢを行うことに
　　する、等）

（一人一人が）

　　○　まず、自分の考えと他の考えを比べる。次に、目的達成のた
　　　めにより適した内容を選ぶ。

　　○　全肯定、全否定でなく、「その部分は賛成です」という構成要
　　　素に注目する視点をもつ。

［学級活動（1）の話合い活動における指導者の助言］

○　話合い活動における指導者の助言は、事前・本時・事後指導のそ
　れぞれの指導過程に応じた助言があり、その機能や効果の及ぶ範囲
　も指導過程の性格に応じて変わったものとなる。[5]

○　助言の種類

・実践につなぐ助言　　　　　・問題解決のための助言

・援助や補足的な助言　　　　・再考を促す助言

・承認や激励の助言　　　　　・指示的な助言

小学校　学級活動（3）の学習指導案

学級活動　学習指導案（例）

指導者　第6学年　〇〇　〇〇

1　日　　時　　〇〇年〇月〇日（〇）

2　学年・組　　第6学年〇組　在籍33名

3　題　　材　　「これからの"わたし"を考えよう」

4　**指導にあたって**

(1)　学級の実態

　　「最高学年としてのよりよい学級・学年・学校づくり」を進め、前向きな児童が増えた。だが、利己的で狭量な考えや行動に陥ることもある。卒業間近の今、「自分を振り返り、今後に生かそう」と考える児童は少なくない。そこで、…

(2)　題材設定の理由

　　卒業目前の現在、小学校生活を全員で振り返り、中学校生活にきちんと向かい合っていく話し合いの中で「これからどう成長したいか」「そのために何を頑張るか」等を考え、各個人が「よりよい生き方」を適切に意思決定し行動できるようにしたい。

(3)　育成を目指す資質・能力

　　・　相手の思いを受け止めたり、立場や考え方を理解したりできる。

　　・　多様な考えのよさを積極的に生かし、意思決定を図り実践できる。

　　・　高い理想をもって粘り強く努力し、互いのよさを伸ばし合える。

(4)　指導のねらい

　　"卒業"を契機とし「これまでの自分や、学級の在り方」を具体的に振り返り、「よりよい在り方」を探り出させたい。そして、自らの生き方を見直しさせていきたい。

5　**本時の活動に至るまでの経過**

　　事前に、本時の課題を考える手立てとなるアンケートをとり、結果をまとめた。

6　本時のねらい

(1)　学級生活を振り返り、「これからどう生きるか」を意思決定する。

(2)　友だちの考えをよく聴き、自分の思いや考えを分かりやすく発表する。

7　本時の活動

題材名	これからの "わたし" を考えよう		
ねらい	卒業して中学校へ進学する今、様々な経験を振り返り、これからの自分自身の生き方や努力すること等を全員で考え、意思決定できるようにする。		
活動内容	支援・援助のねらい	○評価・準備物
1　学級生活を振り返る。 　(1)　学級生活を振り返り、楽しかった、辛かった時について発表し合う。 　(2)　アンケート結果をもとに、自分達の課題を見いだす。 2　今後の自分を考える 　(1)　どんな生き方をすればよいか、みんなで話し合う。 　(2)　短冊に書いて、発表する。 3　残された小学校生活をどう過ごせばよいかを考える。 4　先生の話	○「自分ごと」として考える。 ○「ポジティブな考え方や行動」、「思いやりの心」等が、「良い思い出」につながることに気付く。 ○アンケートの集計結果をもとに、「課題の共有化」を助言する。 ○アンケート結果や他との意見から、自分の考えを見直すことを促す。 ○話合いをもとに、自己の生き方を考え、自由に発表できるようにする。 ○短冊に自分の考えを書き、発表できるようにする。 ○各自が決めた生き方を実践する場として、卒業式までをどう過ごすかを具体的に話し合えるようにする。 ○この話合いが新たな集団決定、自己決定につながるように支援し、助言する。	・「学級活動ノート」 ○本時のねらいに着目できたか。 ○楽しい、辛い時の「根底」に思いを馳せられたか。 ○アンケート結果から課題の共有化を図り、考えをより深められたか。 ・「アンケート集計表」 ○集団での話合いを生かした意思決定ができたか。 ○自他の意見を大切にできたか。 ○意思決定を具体的な行動につなげようとしたか。 ・「振り返りカード」 ○児童の自主的活動意欲を高められたか。

学級活動（1）（2）（3）の指導の配慮事項

［指導過程の違い］

「小学校学習指導要領解説（特別活動編）」（平29年6月）には、学級活動内容(1)(2)(3)の各々の指導過程が下のように図示されている。

図2-2　小学校　学級活動の内容（1）の指導過程[6]

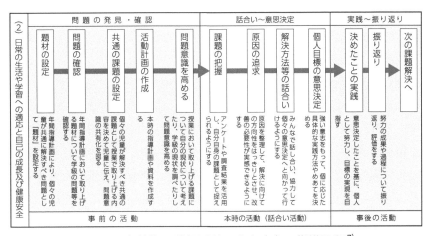

図2-3　小学校　学級活動の内容（2）の指導過程[7]

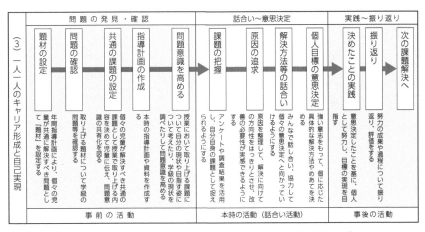

図2-4　小学校　学級活動の内容（3）の指導過程[8]

　学級活動の内容(1)は、前述したように「児童による自発的、自治的な実践活動」であることから事前の活動における「計画委員会」、本時の活動における「学級会」の形態が極めて大切である。対して学級活動の内容(2)、(3)は、「意図的、計画的な指導」であることから、教師の指導性が

強いように思われている。しかし、児童の自治的活動の範囲を超えた課題、児童が必要性を感じていなくても大切な課題等を扱う場合は、教師が主導する指導の方が教育的な効果が高い。

　ただ、学級活動の内容(2)、(3)においても「なすことによって学ぶ」という特別活動の特質は重要である。それゆえ、事前の活動で「アンケート」等をとり、本時で活用を図ることは児童の自主的な課題解決を促す有効な指導である。さらに、アンケートの作成や集約、整理等の仕事を児童と共に実施することは、意識を高めたり課題の把握を促進したりすることに非常に役立つ。形態は違うが、児童の自治的活動を可能な範囲で取り入れていくことが大切である。

［学級活動（2）（3）の話合い活動における指導者の助言］

　○　自分自身の課題として捉え、適切な自己決定ができるようにする。
　○　助言の種類
　　・「自分ごと」として捉えられる助言
　　・課題の整理、分析を促す助言
　　・よりよい振り返りができる助言
　　・よりよい考えを受け入れる助言

［議　題］「2学期さよならパーティの計画を立てよう」

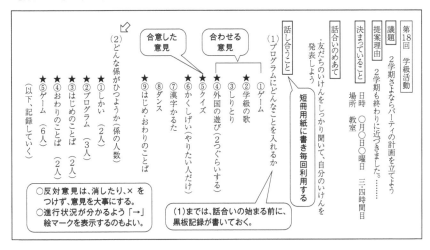

図2-5　小学校　学級活動（1）の場合（黒板記録例）

［題　材］「話し言葉を見直し、温かく元気の出る学級にしよう」

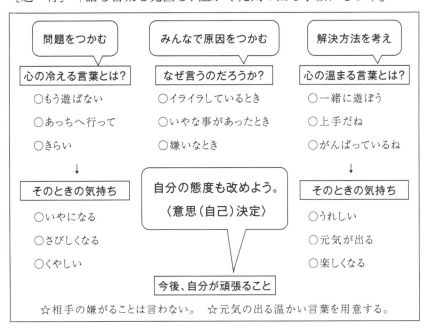

図2-6　小学校　学級活動（2）の場合（黒板記録例）

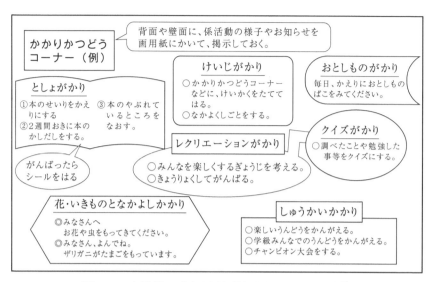

図2-7　小学校　学級活動（係活動のコーナー）[9]

①話し合いの経過と結果を承認し、称賛する

今日はたいへん大勢の人が、自分の考えを発言することができ、とても
よかったと思います。

今日の話し合いで特に感心したことがあります。司会が進行に困っ
た場面で、「・・を決めたらいいと思います。」と進行を助ける発言が
あったことです。互いに助け合ってよい話し合いができました。

②一人一人の児童の発言内容を称賛する

○○さんは、A案とB案のよい点を合わせてC案を出してくれました。1つ
の考えにこだわらず、広い視野で、柔軟に考えることができましたね。

○○さんは、うまく言えないで困っている友だちを助けて、代わりに言って
あげましたね。こんなやさしい話し合いをすることはとても大切ですよ。

③司会のグループのがんばりを称賛する

今日の司会の○○さんは、同じ人ばかりにならないように指名することが
できてよかったです。ノート記録の○○さんも決まったことを上手にまとめ
て発表していましたね。

④実践に対する意欲を高め、自信と期待をもたせる

実践にあたっては、できる限り話し合いの決定どおり実践できるように援助し、児童が、
自分たちの活動に自信をもち、今後もがんばろうという気持ちをもてるようにします。

図2-8　小学校　学級活動（話合い後の「先生の言葉」）[10]

小学校　学級活動（話合い活動）

学級会ノート

学級会ノート

学級会の振り返り	○○△で評価しよう
めあてを考えて、話し合うことができましたか。	○
友達の意見のよいところを考えながら、聞くことができましたか。	○
自分の意見を進んで発表できましたか。	◎
決まったことや自分がこれから何をしたらよいのかわかりましたか。	◎

今日の感想

A君とBさんの考えのよさをくっつける意見が言えた。今度はC君のように司会を助ける意見を言えるようになりたい。みんなで協力し合って楽しい集会にしたい。

(3) 係活動

　特別活動の基盤は学級活動にあり、その日常的な活動として行われるのが係活動であり、我が国の学校教育が始まって以来、多くの学校で取り組まれている。

　係活動は特別活動の特質が端的に表われる活動であるので、以下、調査研究も含めて詳述する。

　小学校学習指導要領解説特別活動編に示されている係活動の内容と配慮事項の概要を以下に示す。

表2-7　係活動の内容と配慮事項

　学級を楽しく豊かにするために必要な係を出し合い、合意形成によって組織をつくる。その際、学級における係の役割を自覚し、活動内容を決定して、仕事を分担しながら協力して実践することが大切。これらの組織が機能し、活発な活動が展開されることにより、学級生活の充実や向上を図ることができる。

　設置する係の種類や数は、学年や学級によって異なるので、児童が学級会で話し合って決め、自分たちで創意工夫し、楽しく進んで活動

することが大切である。また、係の種類は年間固定する必要は無く、学期の変わり目などで、必要に応じて係を統合したり、決め直したりすることも必要である。その際には、常に学級生活の充実につながる楽しい係、仲よく協力できる係を目指すように指導したい。

表2-8　学年発達段階に合った係の設置と留意事項（例）

低学年	中学年	高学年
でんき、まど、こくばん　はな、くばり（ゆうびん）いきもの、ほん、ほけん　おとしもの、けいじ　せいり、あそび	図書、新聞、掲示、保健、運動、生き物、ゲーム、クイズ	図書、新聞、掲示、保健、運動、生き物、集会、学習クイズ
・当番的な仕事も可能　・一人一役的な係　・教師のお手伝い	・「当番的な仕事」から児童自身が楽しく進んで取組める「係の活動」にする。　・児童の自主的な活動として、工夫や楽しさのある活動にするため、教科名を係名としない。	

小学校　学級活動
（係活動の組織と所属）

　係活動の重要性は変わらないが、その継続が長くなるにつれて次第にマンネリ化・形式化し、工夫や改善の見られないといった報告も聞くところである。教師は常に活動を阻害している要因を明らかにし、より一層充実した効果的な活動が展開されるようにしなければならない。

　次に、「係活動を阻害する要因」を因子分析法（多くのデータに潜む共通因子を探り出すための統計的分析）で明らかにして、係活動の工夫・改善策を提言した研究の概要を紹介する。

　　　　［係活動を阻害する要因の究明についての調査研究］[11]

(1) 調査対象者
　○　4～6年児童699名（大阪市立小学校12校656名、藤井寺市立小学校1校43名）
(2) 調査日　　1983年6月
(3) 調査結果　次に調査結果「係活動を阻む因子と負荷量」を示す。

小学校　学級活動（係活動）

表2-9　係活動を阻む因子と負荷量

因子	質　問　事　項	F1	F2	F3	h²
第一因子	27　係の仕事を一人じめにする人がいるから	.553	.092	-.074	.320
	44　係の中で一部の人たちが、かってにそうだんして、仕事をきめるから	.536	.132	-.115	.318
	21　係の仕事のあとかたづけは、いつもする人がきまってしまい、不公平だから	.497	.092	-.145	.276
	2　失敗したとき、友だちがせめられるから	.476	.096	-.187	.271
	35　しっぱいしたときにしかられると、係の活動をする気になれないから	.467	.211	-.069	.267
	8　自分のやりたい仕事を、友だちがしてしますから	.414	.088	-.156	.203
	42　係のなかに気のあわない人がいて、仕事が楽しくないから	.413	.123	-.236	.241
	41　係のなかで意見がわかれ、仕事が少しもすすまないことがあるから	.409	.243	-.169	.255
	15　係の活動がおわったあと、つかった用ぐを、きちっとかたづけないから	.356	.173	-.129	.173
第二因子	19　先生がいそがしくて、はげましのことばを言ってもらえないから	.026	.581	-.084	.345
	31　なぜ係の活動が学校にあるのか、わからないと思うことがあるから	.086	.530	-.011	.288
	25　先生がいそがしくて、活やくのようすを見てもらえないから	.154	.507	-.070	.286
	12　係の活動は、なんとなくつまらないから	.068	.456	-.238	.269
	26　家の人が、係の活動のことを聞こうともしてくれないから	.063	.453	-.070	.214
	37　係の仕事をしても、勉強ほどえらくなれないと思われているから	.128	.432	-.133	.221
	34　ほかの係の人の仕事ぶりが、わかりにくいから	.173	.425	-.127	.227
	32　むずかしい、係の仕事のおき、そうだんにのってもらえる人がいないから	.296	.361	-.200	.258
第三因子	29　係のなかの話しあいが、たりないから	.136	.119	-.529	.312
	11　いろいろなアイデアや、仕事のうえでのくふうがなかなかうかびにくいから	.035	.218	-.484	.283
	16　係をよくしようと、がんばる人がすくないから	.298	.145	-.482	.342
	7　自分から、すすんであまり仕事をする人がいないから	.200	.050	-.461	.255
	22　係のなかで、自分の考えをあまり言わない人がいるから	.252	.010	-.459	.274
	10　計画が、しっかりたっていないから	.131	.155	-.444	.238
	17　係のなかで、1人ひとりのする仕事をはっきりきめないから	.161	.101	-.404	.199
	23　係の活動をする日や時間を、きちんときめないから	.021	.294	-.389	.238
	36　係で話しあったことが、あまりまもれないから	.157	.137	-.375	.184
	30　学校のみんなのために、やく立つ仕事を考えることは、なかなかむずかしいから	.144	.258	-.351	.211

$$\Sigma ai^2 / 45 \times 100 (\%)$$ 　　　　7.15　7.73　6.95

（4）調査結果の考察

　　児童が認知している係活動を阻む原因の潜在因子として、前表に示す3因子が抽出された。

○　第1因子には、9項目（27,44,21,2,35,8,42,41,15）が高く負荷しており、「係の仕事を一人じめにする人がいるから」など、主に友だちとの「連帯性の欠如」に関係した性質の因子が示された。

○　第2因子には、8項目（19,31,25,12,26,37,34,32）が高く負荷しており、「先生がいそがしくて、はげましのことばを言ってもらえないから」など、主に学級担任の「指導性の欠如」に関係した性質の因子が示された。また、「なぜ係の活動が学校にあるのか、わからないと思うことがあるから」など、主に児童の係活動に対する「有用性の欠如」に関係した性質の因子が示された。したがって、第2因子の性質は、「指導性の問題」「有用性の欠如」にまとめられる。

○　第3因子には、10項目（29,11,16,7,22,10,17,23,36,30）が高く負荷しており、「自分から、進んであまり仕事をする人がいないから」など、児童の「自主性の欠如」に関係した性質の因子が示された。

［係活動の阻害要因除去を図った指導プログラム導入による指導効果の調査研究］[12]

　以上の調査研究で究明された3つの因子は、児童が認知した係活動を阻害する原因となっている潜在的な因子と考えることができるが、その検証を行うことは、充実した係活動の実践のために欠かせることのできない作業である。

　そこで、筆者は、以上の結果内容を踏まえ、係活動の阻害要因除去を図った指導プログラムの導入による指導効果を明らかにするため、重点指導学級と通常指導学級による比較検証の調査研究を実施した。

(1) 調査対象者

○　重点指導学級　　1～6年児童180名

（大阪市立小学校5校　6学級）

○　通常指導学級　　1～6年児童158名

（大阪市立小学校3校　6学級）

(2) 調査日

○　事前調査　　2013年7月中旬

○ 事後調査　2013年10月初旬

(3) 調査手続き

　児童対象に質問紙法による事前調査と事後調査を学級担任が実施した。この間、重点指導学級では、前述の調査研究の結果を踏まえて開発・工夫した係活動指導プログラムを用いた指導を学級担任が行った。

　重点指導学級における係活動指導プログラムにおいて、取り上げた指導材や指導のポイントは、次の通りである。

表2-10　係活動の充実を図るために取り上げた指導材

①特別活動「全体計画」
②学級活動「年間指導計画」
③学級活動「学期の指導計画」
④係活動「月の予定表」「週の予定表」
⑤係活動「振り返りカード」
⑥学級活動「学習指導案（係活動）」
⑦係活動「指導ポイント表」
⑧道徳との関連指導の明記（学級活動「学習指導案」）

次は、重点指導学級における係活動指導のポイントの内容である。

小学校　学級活動（係活動の振り返りカード）

表2-11　係活動指導のポイント

	係活動の指導上の留意事項等
主に教師の指導性の内容	○　係活動の意義や内容等について分かりやすく指導する。
	○　自主的で楽しい活動が生まれるような係名を考えられるようにする。
	○　係活動のできる時間を確保する。（学級活動の時間、始業前、朝の会、業間、昼休み、放課後、他）
	○　係活動の月・週の予定表を用意する。
	○　係活動に必要な話合いの時間を確保する。
	○　係の連絡や発表の場を設定する。
	○　係活動コーナーを設置し、係からの連絡等を自主的に情報発信できるようにする。
	○　係活動に必要な用具をそろえる。（はさみ、のり、テープ、用紙、他）
	○　学級生活の向上につながる係や創意工夫が生かされる係であることを指導する。
	○　自主的に運営できる力を高める。
	○　「道徳の時間」との関連を図り、働くことの意義をつかませる。
	○　教師も可能な限り係の活動に参画し、運営を学ばせる。
主に児童の自主性の内容	○　月・週の活動計画を立て、実行できるようにする。
	○　自分達で工夫して、楽しく活動ができるようにする。
	○　一人一人に役割があることを理解できるようにする。
	○　話合いにより、問題点等を解決できるようにする。
	○　振り返りカードで、係活動の見直しを行う。

(4) 調査結果の考察

　　係活動の阻害要因除去を図った指導プログラムの導入による指導効果を重点指導学級と通常指導学級で比較すると、以下の内容で重

点指導学級は通常学級よりも有意に高い指導効果が出た。

○　重点指導学級は、通常指導学級よりも、係活動を楽しく感じて取り組む児童の人数が多くなった。児童が楽しく感じるときは、主に係の準備、係メンバーとの共同作業、製作物の取り組み、役立っているとき、先生からほめられたとき等が挙げられた。

○　係活動を通して培われる児童たちの資質・能力を重点指導学級と通常指導学級とで比較すると、重点指導学級は、「楽しさ、技能、自治性、言語力、協力性、自己有用感、勤労観、責任感」の８項目において望ましい変容を確認することができた。しかし、「自尊心、自主性」については、重点指導学級の平均値は上がったが、双方には有意な差は出なかった。

○　重点指導学級における係活動の楽しさを、指導前後で比較すると、指導後の人数は、1.5倍に多くなった。

［係活動と当番活動の相違点］

　学級内には、係活動以外に当番活動があり、双方の相違点を踏まえた指導に留意しなければならない。

　係活動は、「学級生活を向上発展させるための活動」であり、教育課程上、学級活動に位置付けられている。その種類は前述に示した通り、係活動のねらいや学年発達段階に合った係が設置されなくてはならない。

　当番活動は、「学級生活の円滑な運営を目指す活動」であり、教育課程には位置付けされていないが、学級経営上不可欠な活動であり、例えば、日直、清掃当番、給食当番などが該当する。

　学習指導要領解説特別活動編の学級活動の内容 (3)「一人一人のキャリア形成と自己実現」の「イ　社会参画意識の醸成や働くことの意義の理解」においては、「清掃などの当番活動や係活動等の自己の役割を果たすために必要となることについて主体的に考えて行動する」[13]

と明示されており、係活動や当番活動においては、キャリア教育の要となる勤労観を養うことができる。

　以下に、係活動と当番活動の相違点を示す。

表2-12　係活動と当番活動の相違点

	係活動	当番活動
ねらい	・児童の力で学級生活や学級文化を豊かにする。	・学級生活を維持するために運営する。
内容	・活動しなくても支障は無いが、豊かな学級生活や学級文化は得られない活動である。 ・文化的で創造的な活動である。	・活動しないと生活に支障をきたす活動である。 ・管理的・実務的な活動である。
計画	・児童が話し合い、自主的に計画を立てて活動する。	・教師の意図的な計画のもとに進めていく活動である。
分担	・希望した係に分かれ自主的、実践的に行う活動である。	・学級生活に必要な仕事を、全員が分担して行う活動である。
共通点	・学級内の仕事を分担し、遂行していく実践活動である。 ・みんなと力を合わせてやらなければならない集団活動である。 ・キャリア教育の要となる勤労観を養うことができる。	

(4) 集会活動

　集会活動は、教師の適切な指導の下に児童たちが計画し、運営をしながら楽しい生活や仲間をつくる活動である。

　集会の指導過程を通して、児童は一つのことをみんなで協力して取組み、楽しさや感動したときの喜びを共有し、大きな達成感・成就感を味わうことができる。また、児童の自主性や個性が発揮され、お互いの触れ合いも助長され、学級内の信頼関係や集団の志気が高まるなどの教育的効果は高い。したがって、単なるレクリエーションではないことや集会後の振り返りを実施すること等を大切にしたい。

表2-13　集会活動の指導のポイント

1. **集会の目標の明確化を図る。**
   - ○　集会目標を明らかにし、準備から実行、振り返りまでの活動全体を見通して考えることができるようにする。
   - ○　集会活動は、楽しく充実した学校生活につながるものであることを理解させ、話合いや実践の期待感をもたせるようにする。
2. **活動への見通しをもつ。**
   次のような手順を事前に指導しておくことにより、児童の自発的、自治的な活動を促す。
   - (1)　話し合ったことを基に活動計画を立て、活動に必要な係を設置する。
   - (2)　活動に必要な用具などを準備する。(教師の支援・援助のもとに)
   - (3)　活動計画に基づいて集会を行い、活動後は全員で後片付けを行う。
   - (4)　活動を振り返る。
3. **全員で役割分担を行う。**
   - ○　できるだけ全員が役割を受けもつことで、責任感や満足感が得られるようにする。また、リーダー経験ができることも大切である。
   - ○　低学年であれば一人一役で受けもち、高学年であればグループごとに仕事を分担することもよい。
4. **多様な集会活動により生活経験の拡充と深化を図る。**
   多様な集会活動を前もって計画しておき、その内容にふさわしい集会活動を取り上げ、集会が幅広く、偏りなく進められるようにする。
   - ○　お楽しみ会的な集会活動　………誕生会、クイズ・ゲーム大会等
   - ○　スポーツ的な集会活動　…………ドッジボール大会、長なわとび会等
   - ○　文化的な集会活動　………………グループ新聞コンクール、劇等
   - ○　季節に関する集会活動　…………ひなまつり集会、七夕集会等
   - ○　その他の集会活動　………………係の発表会、学級生活の思い出等
5. **振り返り(評価)を重視する。**
   集会活動の充実のためには、話合い、準備、集会実施などの全体について振り返りを大切にし、次回への意欲付けを図り、児童の自主的、実践的な態度を育成する。

雪を楽しもう集会	振り返りカード
○○△で評価しよう	
自分の役割に責任をもって取り組むことができましたか。	◎
友達と協力し合って活動することができましたか。	◎
友達のよいところやがんばったことを見付けられましたか。	◎
実践を通して学んだことを書こう	
大きな雪玉を友達といっしょに運んで、大きなかまくらすべり台を作った。みんなで力を合わせたら、すごく大きなすべり台ができた。みんなで仲よく遊ぶことができてよかった。	

小学校　児童会活動(全校集会活動)　　　　　集会活動の振り返りカード

⑸「朝の会」、「帰りの会」

　朝の会や帰りの会は、学級づくりに重要な働きをする教育活動であり、その日の学習や学級生活への動機づけや人間関係を深めたり、自己を振り返ったりと、児童生徒が笑顔で生活していくために欠かすことのできない活動である。

　[朝の会]

　　朝の会は、その日の教師と児童生徒の出会いの場であり、一日の学習や行事などの確認をし、どんなめあてで活動すればよいかを全員で考えることで、見通しをもって一日の生活をスタートすることができる。
○　プログラム（例）　①始めの言葉　②朝の挨拶　③今日のめあて
④スピーチタイム　⑤お知らせ・連絡　⑥先生の話　⑦終りの言葉

　[帰りの会]

　　帰りの会は、自分や学級の一日を振り返り、明日への意欲をもたせることができる。なお、帰りの会は下校前の短い時間内に行うので、「○分以内で終わる」と設定しておくことも指導のポイントである。
○　プログラム（例）　①始めの言葉　②めあての振返り　③お知らせ・連絡　④明日の連絡　⑤先生の話　⑥帰りの挨拶

　　指導に当たって留意したいことは、教師主導で進めず、児童生徒に司会やめあての発表などは任せることである。

第3節　児童会活動の目標・内容・指導

　児童会活動は、学級・学年を越えて全ての児童から構成される集団の活動であり、異年齢の児童同士で協力したり、協働したりして目標を実現しようとする活動である。

　児童会活動の目標・内容は次の通りである。

1 児童会活動の目標 [13)

　児童会活動の目標は、小学校学習指導要領には次のように示されている。

> 　異年齢の児童同士で協力し、学校生活の充実と向上を図るために諸問題の解決に向けて、計画を立て役割を分担し、協力して運営することに自主的、実践的に取り組むことを通して、第1の目標に掲げる資質・能力を育成することを目指す。

　この目標は、学校生活を楽しく豊かにするために、目標を共有し、集団生活や人間関係などの諸問題から課題を見いだし、その解決に向けて話し合ったことをもとに実践し、振り返り、次の課題に向かっていくという一連の活動に自発的、自治的に取り組むことを示している。

　児童会活動では、主として高学年の児童が計画や運営に携わることが多いため、直接、計画や運営に参加できない学年の思いや願いを集めたり生かしたりしながら、下学年に配慮したリーダシップを発揮することが期待される。

　そのため、代表委員会活動や委員会活動などの異年齢の集団活動では、児童が自治的組織の意義や活動のために必要なことを理解したり、行動の仕方を身に付けたりすることが望まれる。また、学校生活の充実・向上のために課題を見付け、解決するために話合い、合意形成を図ったり、意思決定をしたりして、よりよい人間関係を築くことも期待されている。

　これらの資質・能力は、中・高等学校における生徒会活動や地域社会での自治的な活動の中で生かされ、より一層、育まれていくと考えられる。

② 児童会活動の内容[14)]

　学習指導要領第6章2の［児童会活動］の2「内容」において、1の資質・能力を育成するため、学校の全校児童をもって組織する児童会において、各活動を通して、それぞれの活動の意義及び活動を行う上で必要となることについて理解して、主体的に実践できるように指導することが示され、学校生活の充実と向上を図るための内容が挙げられている。

　なお、今回の学習指導要領の改訂では、児童会活動の内容は大きく変わることはないが、示し方で変更のあった部分は、改訂前の「(1) 児童会の計画や運営」が「(1) 児童会の組織づくりと児童会活動の計画や運営」となり、児童が主体的に児童会の組織づくりに取り組むことの重要性が一層強調されている。次に児童会活動の内容を示す。

表2-14　児童会活動の内容

(1) 児童会の組織づくりと児童会活動の計画や運営 (2) 異年齢集団による交流 (3) 学校行事への協力

(1) 児童会の組織づくりと計画や運営

　主として高学年の児童が計画・運営を行う。学校生活の充実・向上のために、児童が主体的に組織をつくり、役割を分担し、児童会の一員として計画や運営の仕方などを身に付けることが望まれる。また、代表委員会や委員会活動では、学校生活の充実・向上のために課題を見いだし、解決のために話し合い、合意形成により決まったことを基に、協力して実践活動に取り組む態度を育成することが大切である。

(2) 異年齢集団による交流

　児童たちが学年や学級の異なる他者とともに楽しく触れ合い、より
よい人間関係を築いたり、計画や運営、交流の仕方、自分の役割を考
え、責任を果たしたりできるようにすることが望まれる。異年齢集団
活動として行う話合い活動や各委員会からのお願いや報告、発表など
の活動も異年齢集団による交流の一つである。

(3) 学校行事への協力

　教師の指導によって、児童が学校行事の内容の特質に応じて、計画
の一部を担当することや、児童会の組織を活用して学校行事の運営に
協力したりする活動などが考えられる。このような活動を通して、児
童会として学校行事に協力することの意義を理解したり、どのように
協力したりすることが行事の充実につながるかを考え、話し合い、決
めたことをもとに協力して活動ができるようにすることが望まれる。
　学芸会や運動会、遠足、集団宿泊活動などの一部を児童の発意・発
想を生かした計画によって実施したり、各委員会の活動内容を生かし
た協力的な活動を取り入れて実施したりすることなどである。

③ 児童会活動の指導

(1) 児童会活動の指導計画

　児童会活動の指導計画については、小学校学習指導要領解説特別活
動編に示されており、その概要を次に示す。

表2-15　児童会活動の指導計画[15)]

(1)　学級や学校の実態や児童の発達の段階などを考慮し、児童による自主的、実践的な活動が助長されるようにする。
(2)　内容相互及び各教科、道徳科、外国語活動、総合的な学習の時間などの指導との関連を図る。
(3)　家庭や地域の人々との連携、社会教育施設等の活用などを工夫する。
(4)　学校の実態を踏まえて児童会活動の組織を編成する。
(5)　学校が作成する児童会活動の年間指導計画
　　ア　全校の教師により作成すること
　　イ　指導計画に示す内容
　　　　○学校における児童会活動の目標　　　○児童会活動の実態と指導
　　　　○代表委員会、各委員会の組織と構成　　　方針
　　　　○活動時間の設定　　　　　　　　　　○年間に予想される主な活動
　　　　○活動場所　　　　　　　　　　　　　○活動に必要な備品、消耗品
　　　　○委員会を指導する教師の指導体制　　○指導上の留意点
　　　　○評価の観点や方法
　　ウ　活動の形態
　　　　児童会の計画・運営については、主として高学年児童が行い、全校児童が主体的に参加できるようにする。
　　　　児童会活動の形態は、次の3つに大別することができる。

　　①　代表委員会
　　　　代表委員会は学校生活の充実の向上を図るために、学校生活に関する諸問題について話し合い、合意形成により決まったことを基に問題の解決を図る一連の活動を行う。
　　　　代表委員会の構成、組織は学校の実態によって異なるものであるが、主に高学年の学級代表、各委員会の代表、関連する内容等必要に応じてクラブ代表が参加する。

代表委員会の活動過程（例）

活動過程	活動内容と支援の在り方
課題の発見 議題などの設定	○学校生活を豊かにするための様々な課題を見いだす。 ・各学級や各委員会から問題を集める。 ・児童会ポストを活用し、全校児童から問題を集める。 ○解決すべき諸問題について、代表委員会の議題案として提案する。

	○児童会計画委員会等で代表委員会の議題を選定し、話合いの計画を立てたり準備をしたりする。 ・活動のめあて、提案理由の吟味、話合いの柱など話合いの計画を立てる。 ・全校児童へ知らせる。 　学級めぐり、児童会だより、校内放送、児童集会、児童会掲示板　など ・議題にならなかった問題の処理や役割分担をする。 ・議長団で話合いの進め方の打ち合わせをする。
話合い	○代表委員会の議題について各学級で話し合う。 ・直接、代表委員会に参加をしない学級の意見を集める。 ・学級めぐり、アンケート　など。 ○代表委員会で、主として高学年の代表児童が話し合う。 ・発意・発想を生かしながら。 ・互いのよさや多様性を認め合い、生かし合いながら。 ・全校児童の意向を反映しながら。
合意形成	○活動の計画や内容、役割分担などについて、児童会としての意見をまとめ、合意形成して決める。 ○代表委員会で決まったことを、各学級に伝え、役割分担などについて確かめる。
決めたことの実践	○話合いで決まったことを基に、みんなと協力しながら実践活動に取り組む。 ○一人一人が自己の役割や責任を果たす。
振り返り	○活動を振り返り、活動の目標や過程、成果や改善点などを見いだす。 ・一人一人が、活動を通して何を経験し、学んだのかについても振り返る。 ○新たな課題を見いだし、次の活動意欲へと高める。 （小学校学習指導要領解説　特別活動編　平成29年　一部改編）

② 委員会活動

　　学校内の自分たちの仕事を分担処理するための活動である。主として高学年の全児童が、各委員会に分かれて、学校生活を向上発展させ、より豊かにしていくために、児童の発意を生かし、創意工夫して実際の活動を分担して行うものである。

③ 集会活動

　　児童会の主催で行われる集会活動である。全校の児童で行われる全校児童集会、学年の児童で行われる学年児童集会などがあり、内容についても、活動状況の報告や連絡をしたりするもの、学年や学級が異なる児童と楽しくふれ合い交流を深めるものなどが考えられる。

エ　実施学年や委員会への所属

　　児童会活動は、全校の児童をもって組織するものであるが、その計画・運営については主として高学年の児童が当たる。

オ　時間の取り方

　　児童会活動については、年間、学期ごと、月ごとなどに適切な授業時数を充てるものとする。

　児童会活動の内容である委員会活動は、他学年と協力して運営したり、役割を果たしたりするが、児童たちの意欲や実践力は、協力してよりよい社会を築こうとする社会性豊かな心を育み、21世紀社会で必要な資質・能力となる。

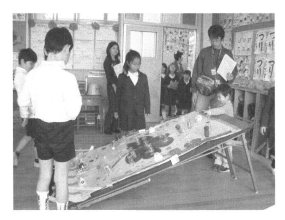

小学校　児童会活動（全校児童集会）

意 見 集 め カ ー ド　

　全校みんなの願いが生かされる代表委員会にするために、意見や願いを
しっかりと聞きましょう。

（　　年　　組 の 意 見 や 願 い）

議題	みんながよろこんで運動場に出てくるような休み時間の遊びを工夫しよう。
提案理由	休み時間に運動場で遊んでいるのを見ると、同じような遊びばかりしています。低学年の人がお兄ちゃん・お姉ちゃんが運動場を使っていて遊べないと言っています。学年のちがう人と遊びたいと言う願いも出ています。そこで、遊びを工夫してもっとみんなでいっしょに遊べば、楽しい学校になると思って提案しました。
話し合いのめあて	○準備のかからない遊び ○ルールがかんたんですぐにできる遊び ○ちがう学年の人と遊べる遊び
意見や願い	イモムシおに （ルール） ①オニを1人決め、ほかの子はたてに並ぶ。 ②オニは列の最後の子を追いかけてつかまえる。 ③列の先頭の子は両手を広げて最後の子がつかまらないように守る。 ④オニは最後の子がつかまったら、先頭の子がオニになりオニだった子は今度は最後につく。

集 め た 人　　年　　　組（　　　　　　　　　　　　　　　）

図2-9　小学校　児童会活動（全校児童の意見集めカード）[16)]

　児童会活動の年間指導計画を次に示す。

表2-16　児童会活動の年間指導計画

重点目標	○　児童会活動に楽しく参加して、異学年の子どもと仲よくし、学校生活の充実と向上を目指そうとする自主的、実践的な態度を育てる。	
代表委員会と各委員会の組織と構成	代表委員会	○5年生以上の各学級代表で構成する。 ○代表委員会の運営は、司会、記録、提案者で構成する児童会計画委員会が行う。(計画委員は、月ごとに交代する。)
	委員会活動	○児童の希望や発想が生かされる委員会を設置する。
○活動時間の設定	代表委員会	○毎月1回　第2水曜日の放課後に実施する。
○設置委員会の活動内容	委員会活動	○毎月1回　第1木曜日の6校時に実施する。 ・集会委員会：集会活動に関する活動 ・新聞委員会：校内新聞発行に関する活動 ・放送委員会：学級紹介、先生紹介、学校自慢などの活動 ・図書委員会：読書週間の計画、貸出し等に関する活動 ・運動委員会：運動集会の企画運営、冬の遊びの紹介、体育用具の整理整頓等に関する活動 ・給食委員会：給食新聞の発行、給食カレンダー、献立紹介等に関する活動 ・健康委員会：石けん補充、「姿勢体操」のビデオ作り、健康についてのポスター・標語づくり等に関する活動 ・飼育栽培委員会：動植物のお世話、動物の名前募集、草花紹介、校内の植物の名札づくり等に関する活動
○集会内容	児童会集会活動	○代表委員会が企画・運営し、1単位時間を使って実施する。 ・1学期「1年生を迎える会」 ・2学期「△△小まつり」 ・3学期「卒業を祝う会」 ○集会委員会が企画・運営し、始業前等の20分間で実施する。

月	主な活動 （　）児童会活動時数	指導のねらい	活動内容
4	○1年生を迎える会 　　　　　　　　(1) ○委員会活動　　(1)	・入学お祝いの気持ちを表す。 ・活動の意義を理解し、前期の活動計画を立てて自主的な活動を促す。	・歓迎の言葉、校歌、6年生がおんぶして退場 ・自己紹介、活動計画立案、役割分担等
5	○代表委員会　　(1) ○なかよし給食	・代表委員会の意義を理解し、前期の活動計画を立案し自主的な活動を促す。 ・異学年交流の給食を楽しみ、人間関係を深める。	・自己紹介、活動計画立案、役割分担等 ・進行、始め・終わりの言葉、簡単なゲーム
6	○代表委員会　　(1) ○委員会活動　　(1) ○なかよし集会　(1)	・なかよし集会の計画を立てる。 ・学校生活の充実・向上を意識して実践する。 ・異学年交流による楽しいゲームに参加し、人間関係を深める。	・目標、種目、役割等 ・常時活動の見直し、工夫 ・集会委員の進行、始め・終わりの言葉、じゃんけんゲーム
7	○委員会活動　　(1) ○代表委員会　　(1) ○お年寄りへの運動 　会招待状書き　(1)	・学校生活の充実・向上を意識して実践する。 ・学校生活の充実・向上を目指して話し合う。 ・高齢者に対して敬愛の気持ちをもつ。	・常時活動の見直し、工夫 ・児童会の問題・改善等 ・案内状作成
9	○代表委員会　　(1) ○委員会活動　　(1) ○運動会参加	・前期の活動の成果と反省を行う。 ・学校生活の充実・向上を意識して実践する。 ・目標づくり、役割等、責任をもって自主的に取り組む。	・活動の成果と反省 ・常時活動の見直し、工夫 ・関連委員会の役割分担・準備・後片づけ

10	○代表委員会	(1)	・後期の活動計画立案し、自主的な活動を促す。	・児童会の問題・改善等
	○委員会活動	(1)	・学校生活の充実・向上を意識して実践する。	・常時活動の見直し、工夫
	○△△小まつり	(1)	・異学年の交流に、みんなで協力して取り組み、人間関係を深める。	・進行、始めと終わりの言葉、準備、後片づけ
11	○代表委員会	(1)	・学校生活の充実・向上を目指して話し合う。	・児童会の問題・改善等
	○委員会活動	(1)	・学校生活の充実・向上を意識して実践する。	・常時活動の見直し、工夫
	○公園清掃	(1)	・地域の方との清掃に積極的に参加し、勤労奉仕の大切さを理解する。	・感謝の言葉、ゴミ袋等の準備
12	○代表委員会	(1)	・学校生活の充実・向上を目指して話し合う。	・児童会の問題・改善等
	○委員会活動	(1)	・学校生活の充実・向上を意識して実践する。	・常時活動の見直し、工夫
1	○代表委員会	(1)	・楽しいカルタ大会になる計画を考え、見通しをもって取組む。	・前年度計画の内容、改善点等の発表、目標・役割・グループ決め。
	○委員会活動	(1)	・学校生活の充実・向上を意識して実践する。	・常時活動の見直し、工夫
	○カルタ大会	(1)	・異学年交流のカルタ取りを楽しみ人間関係を深める。	・進行、始めと終わりの言葉、成績発表、表彰
2	○代表委員会	(1)	・学校生活の充実・向上を目指して話し合う。	・児童会の問題・改善等
	○委員会活動	(1)	・学校生活の充実・向上を意識して実践する。	・常時活動の見直し、工夫
3	○代表委員会	(1)	・後期の活動の成果と反省を行う。	・活動の成果と反省
	○委員会活動	(1)	・学校生活の充実・向上を意識して実践する。	・常時活動の見直し、工夫

○卒業を祝う会　（1）	・6年生へお世話になった感謝の気持ちを表し、前途を祝う。	・別れの言葉、校歌、手作りプレゼント贈呈	
他の教育活動との関連	児童会活動は学校の全児童をもって組織しているが、その運営は主として高学年の児童が担当することから、高学年の児童が主体となって活動する場合が多くなる。したがって、学級活動などとの関連を一層図り、低学年の児童の意見が児童会活動に反映されるようにする。また、クラブ活動、学校行事はもとより、各教科、道徳科、外国語活動、総合的な学習の時間等との関連も図り、児童会活動がより充実し発展していくように配慮する。		
育む資質・能力	○「知識及び技能」、「思考力、判断力、表現力等」、「学びに向かう力、人間性等」		
評価規準の観点	○「知識及び技能」、「思考力、判断力、表現力等」、「主体的に取り組む態度」		

小学校　児童会活動（6年生との交流給食会）

集　　会　　名	入学・進級おめでとう集会
活 動 の め あ て	1年生の入学を祝うとともに、自分たちの進級も祝う集会にしよう。
準　　備　　物	・「入学おめでとう」のメダル　　　　　　・アーチ ・あさがおの種　　　　　　　　　　　　・校区の地図 ・みんなで歌う曲のテープ ・「この教室は何の教室？」のクイズ ・学校生活のジャンボ紙芝居
プ ロ グ ラ ム	並び方、仕方、ルールなど
集　　合	・2年生〜6年生は並んでおく。
① は じ め の 言 葉	「おはようございます。今日の集会は（　　　　　　　）です。集会のめあては（　　　　　　　）です。心に残る集会にしましょう。」 「1年生が入場します。（6年生が手をつなぐ。）拍手でむかえましょう。」
② み ん な で 発 表	「私たちは、1年生の入学をみんなで待っていました。とてもうれしいです。私たちも1つ学年が上がり、がんばろうという気持ちでいっぱいです。」
③ ○○小の紹介 ④ プレゼント渡し ⑤ 1年生お礼の言葉	
⑥ みんなで歌おう	「○○小学校の校歌を歌いましょう。」 「みんな元気に歌えバンバンを歌いましょう。」
⑦ お わ り の 言 葉	「1年生のみなさん、今日から○○小学校の仲間です。仲良くしましょうね。」
⑧ 1年生退場	・6年生と手をつないで退場する。
⑨ 6年生と校内探検ツアー	・6年生とペアになって「この教室は何の教室？」のクイズを解きながら、校内探検をする。
○　退　場	・2年生から5年生は退場する。

図2-10　小学校　児童会活動「入学おめでとう集会」[17]

コラム①

特別活動における「自主的、実践的活動」及び「自発的、自治的活動」について

　特別活動では、「自主的、実践的活動」及び「自発的、自治的活動」の用語が用いられている。どちらも特別活動の特質を表しているが、一見、よく似た用語であるので、正しく理解して指導に当たらなければならない。

　特別活動の目標に「様々な集団活動を通して」とともに「自主的、実践的活動を重視する。」と明示されており、この部分は、特別活動が目指している中心的な目標である。この「自主的、実践的活動」とは、「自主的、実践的な態度」の育成を図る活動であり、児童生徒自らが活動の対象に主体的に関わる中で、計画、行動、振り返り、改善といった行動を行っていく態度である。

　「自発的、自治的活動」は、児童生徒たちの「自主的、実践的」であることに加えて、目的をもって組織された集団において、児童生徒が自ら課題等を見いだし、その解決方法・取扱い方法などについての合意形成を図り、協力していくものである。

　特別活動のいずれの活動も、児童が自主的、実践的に取り組むことを特質としているが、学級活動(1)、児童会活動(生徒会活動)、クラブ活動(小学校)については、さらに自発的、自治的な活動であることを特質としていることを理解した上での適切な指導が必要である。

● 参考文献
　文部科学省『中学校学習指導要領解説　特別活動編』東山書房　平成29年

小学校　児童会活動(全校集会活動)

＜児童会室の例＞

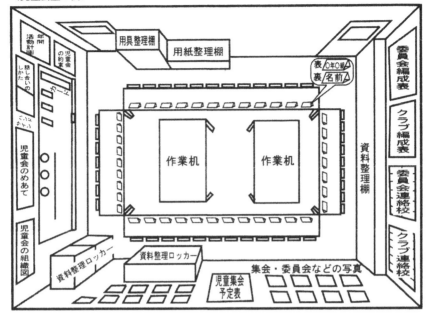

図2-11　小学校　児童会室の様子（掲示・物品収納棚・作業机等）[18]

第4節　クラブ活動の目標・内容・指導

　明治期、課外の活動として最も早く始まったのはクラブ活動であり、それは、上級学校の生徒の間から自然発生的に生まれ、今日は教育課程内のクラブ活動として小学校で実施されている。（中学校・高等学校では、教育課程外の位置づけで部活動として実施されている。）

　小学校のクラブ活動は、主として第4学年以上の同好の児童が、学年や学級の所属を離れて組織するクラブにおいて、異年齢集団の交流を深め、共通の興味・関心を追求する活動であり、児童たちが学校生活の中

で楽しく取り組み、個性の伸長を図れる教育活動である。

　クラブ活動の目標・内容・指導計画は、小学校学習指導要領解説特別活動編に次の内容で示されている。

① クラブ活動の目標 [19)]

> 　異年齢の児童同士で協力し、共通の興味・関心を追求する集団活動の計画を立てて運営することに自主的、実践的に取り組むことを通して、個性の伸長を図りながら、1の目標に掲げる資質・能力を育成することを目指す。

　クラブ活動は、自主的、実践的に取り組む異年齢児童の集団活動を通して、個性の伸長を図りながら、特別活動の全体目標に掲げる　○生きて働く「知識及び技能」の習得　○未知の状況にも対応できる「思考力、判断力、表現力等」　○学びを人生や社会に生かそうとする「学びに向かう力、人間性等」の資質・能力を育成することにある。

　なお、クラブ活動で培われた資質・能力は、中・高等学校の部活動や、学校卒業後の生涯学習における学び等につながることを児童生徒が理解できる指導を大切にする。

② クラブの内容

　今回の学習指導要領の改訂におけるクラブ活動の内容は、大きく変わってはいないが、内容をより具体的に示すことによって、クラブ活動の一層の充実を図ることを目指している。なお、示し方で変更のあった部分は、改訂前の「(1) クラブの計画や運営」が「(1) クラブの組織づくりとクラブ活動の計画や運営」となり、児童が主体的にクラブの組織づくりに取り組むことの重要性が一層強調されている。次にクラブ活動の内容を示す。

表2-17　クラブ活動の内容[20]

① クラブの組織づくりとクラブ活動の計画や運営
② クラブを楽しむ活動
③ クラブの成果の発表

① 「**クラブの組織づくりとクラブの計画や運営**」では、児童が、教師の適切な指導の下に自発的、自治的な活動としてクラブ活動を展開できるようにする。そのため、教師が作成した指導計画に基づき年間や学期、月ごとなどに児童が活動計画を立て、役割を分担し、協力して運営に当たることのできるようにすることが大切である。

② 「**クラブを楽しむ活動**」では、児童が、教師の適切な指導の下に作成した活動計画に基づいて、異なる学年の児童が仲よく協力し、創意工夫を生かしながら自発的、自治的に共通の興味・関心を追求することを楽しむことのできる活動にする。

③ 「**クラブの成果の発表**」では、児童が、共通の興味・関心を追求してきた成果を、クラブ成員の発意・発想による計画に基づき、協力して全校の児童や地域の人々に発表できる活動にする。

小学校　クラブ活動（器楽クラブ）

③ クラブ活動の指導

クラブ活動の指導計画の概要を次に示す。

表2-18　クラブ活動の指導計画の作成[21]

（1）　学級や学校の実態や児童の発達の段階などを考慮し、児童による自主的、実践的な活動が助長されるようにする。

（2）　内容相互、各教科、道徳科、外国語活動・外国語科及び総合的な学習の時間などの指導との関係を図る。

（3）　家庭や地域の人々との連携、社会教育施設等の活用などを工夫する。

（4）　クラブの設置

　　ア. 児童の興味・関心ができるだけ生かされるようにすること

　　イ. 教科的な色彩の濃い活動を行うクラブ活動の組織にならないこと

　　ウ. 学校や地域の実態を踏まえること

（5）　学校が作成するクラブ活動の年間指導計画

　　ア. 全校の教職員が関わって指導計画を作成すること

　　イ. 指導計画に示す内容

　　　○学校におけるクラブ活動の児童の目標

　　　○クラブ活動の実態と指導の方針　○クラブの組織づくりと構成

　　　○活動時間の設定　　　　　　　　○年間に予想される主な活動

　　　○活動に必要な備品、消耗品　　　○活動場所

　　　○指導上の留意点　　　　　　　　○クラブを指導する教師の指導体制

　　　○評価の観点と方法など

　　ウ. 実施学年

　　　クラブ活動は、主として第4学年以上の児童による活動であるが、例えば小規模校においては第3学年以下の学年からの実施も考えられる。

　　オ. 時間の取り方

　　　クラブ活動の授業時数等の取扱いについては、学習指導要領第1章総則の第2の3の(2)で「2　特別活動の授業のうち、児童会活動、クラブ活動及び学校行事については、それらの内容に応じ、年間、学期ごと、月ごとなどに適切な授業時数を充てるものとする。」と示されている。

以下に、教師が作成しなければならないクラブ活動の年間指導計画と球技クラブの年間指導計画を、また、児童が教師の指導の下に作成しなければならない球技クラブの年間活動計画の例を示す。

クラブ活動　年間指導計画　（例）○○小学校　（指導者作成）

重点目標	みんなで話し合い楽しく自主的に活動し、個性を伸長するとともに人間関係を育てる。
組　　織	○第4学年以上の児童で組織する。
指導担当	○1クラブ、複数の教員が担当する。
活動日時	○毎月第2・3・4・(5)　木曜日　第6校時 年間20～25時間程度
活動内容	(1) クラブ組織づくりとクラブ活動の計画や運営　(2) クラブを楽しむ活動　(3) クラブの成果の発表
設置 クラブ	○科学、イラスト、パソコン、ゲーム、料理＆手芸、リズム、卓球、バドミントン、球技

月	主な活動	指導上の留意点
4	○組織づくりとクラブ活動の計画や運営 ○クラブを楽しむ活動	・4月当初、4～6年生対象に、児童の希望を生かし、クラブの人数調整と所属の決定を行う。 ・活動計画に基づく必要経費の予算化を行う。 ・クラブの意義を理解し、学年・学級の枠を超えて仲よく協力し、信頼し合えるような活動を促す。 ・個人的な活動になりやすいものは、共同制作などを取り入れ、集団活動に高め、人間関係を深める。 ・発達の段階や技能差が大きくならないように、ルールや活動方法等を工夫できるようにする。 ・活動時間を確保し、自主的、計画的に楽しい活動になるようにする。 ・毎時、活動記録カードに感想や自己評価を記入し、次に生かせるようにする。
5	○クラブを楽しむ活動	
6	○クラブを楽しむ活動	
7	○クラブを楽しむ活動	
9	○組織づくりとクラブ活動の計画や運営 ○クラブを楽しむ活動	
10	○クラブを楽しむ活動	
11	○クラブを楽しむ活動	

12	○クラブの組織づくりとクラブ活動の計画や運営 ○クラブを楽しむ活動 ○クラブ見学会	・外部講師やボランティアの方へ依頼する場合、児童の発意を大切にし、技能の習得だけが目的でないことを伝えておく。 ・2月、4～5年生対象に、次年度、設置したいクラブの希望調査を行う。 ・3月、3～5年生対象に、次年度、入部したいクラブの調査を行う。
1	○クラブを楽しむ活動 ○クラブ成果の発表会	
2	○クラブを楽しむ活動	
3	○クラブの組織づくりとクラブ活動の計画や運営 ○クラブを楽しむ活動	

他の教育活動との関連	特別活動の内容相互の関連を図るとともに、各教科等との関連も図り、クラブ活動が効果的に展開できるようにする。
育む資質・能力	「知識及び技能」、「思考力、判断力、表現力等」、「学びに向かう力、人間性等」
評価規準の観点	「知識及び技能」、「思考力、判断力、表現力等」「主体的に取り組む態度」 ※　評価規準の文書内容は、「この学習で身に付けさせたい能力」を記述する。

球技クラブ　年間指導計画　（例）　○○小学校　（指導者作成）

ねらい	互いに助け合って協力し、自主的に計画を立てて楽しく活動する。		
学　期	主な活動	指導上の留意点	準備物
1	○年間活動計画を立て、活動のめあてを決める。 ○どんな種目がしたいのか、意見を出し合う。 ○グループを決める。 ○計画に沿ってドッジボールを楽しむ。 ○1学期の反省を行う。	・前年度の活動記録を参考にする。 ・教え合うことのできる無理のない種目を提案できるようにする。 ・学年、男女、技能差を考慮してグループに分かれる。 ・話合いの機会をもち、協力できた点を認め合えるようにする。 ・努力したことを称賛し、反省点は今後の活動に生かす。	・前年度の記録ノート、クラブノート、個人カード ・クラブノート、個人カード、ドッジボール用具、ふえ ・クラブノート、個人カード
2	○2学期の活動計画を確認し、役割やグループを決める。 ○計画に沿ってソフトボールを楽しむ。 ○クラブ見学会 ○2学期の反省を行う。	・1学期の活動の成果と反省を生かせるようにする。 ・練習方法等を工夫し、楽しく活動できるようにする。また、個人カードを活用する。 ・活動の成果が出るようにする。 ・努力したことを称賛し、反省点を今後の活動に生かす。	・クラブノート、個人カード、ソフトボール用具、ふえ
3	○3学期の活動計画を確認し、役割やグループを決める。 ○計画に沿ってサッカーを楽しむ。 ○クラブ発表会 ○3学期と1年間の反省を行う。	・2学期の成果と反省を生かせるようにする。 ・これまでの経験を生かし、楽しく活動できるようにする。 ・活動の成果をまとめて発表できるようにする。 ・クラブ活動で学んだ事を確認し、資料や反省記録等を申し送れるようにする。	・クラブノート、個人カード、サッカー用具、ふえ

[**育む資質・能力**]　「知識及び技能」、「思考力、判断力、表現力等」、「学びに向かう力、人間性等」

97

[**評価規準の観点**]　「知識及び技能」、「思考力、判断力、表現力等」「主体的に取り組む態度」

※　評価規準の文書内容は、「この学習で身に付けさせたい能力」を記述する。

球技クラブ　年間活動計画　（例）　○○小学校　（児童作成）

（　　球　　技　　）　クラブ活動計画				
めあて	みんなで話し合って仲よく協力し、楽しい球技クラブにする。			
役　　割	クラブ代表［○○○○］　副クラブ代表［○○○○］　記録　［○○○○］			
学　　期	月	主な活動内容	時間	準備物
1	4	○自己しょうかい。役わり、めあてを決める。年間活動計画を立てる。	1	・クラブノート、個人カード
		○協力してドッジボールを楽しむ。	1	・クラブノート、個人カード、ボール、ライン引き
	5	○計画にそって、ドッジボールを楽しむ。	2	・クラブノート、個人カード、ボール、ライン引き
	6	○計画にそって、ドッジボールを楽しむ。	2	・クラブノート、個人カード、ボール、ライン引き
	7	○計画にそって、ドッジボールを楽しむ。	1	・クラブノート、個人カード、ボール、ライン引き
		○1学期のまとめと反省		・クラブノート、個人カード
2	9	○役わりを決める。2学期の活動計画を確認する。めあての見直し。	1	・クラブノート、個人カード
		○計画にそって、ソフトボールを楽しむ。	1	・クラブノート、個人カード、ボール、バット、ベース、得点板
	10	○計画にそって、ソフトボールを楽しむ。	2	・クラブノート、個人カード、ボール、バット、ベース、得点板
	11	○計画にそって、ソフトボールを楽しむ。	2	・クラブノート、個人カード、ボール、バット、ベース、得点板

	12	○計画にそって、ソフトボールを楽しむ。	1	・クラブノート、個人カード、ボール、バット、ベース、得点板
		○クラブ見学会 ○1学期のまとめと反省	1	・クラブノート、個人カード
3	1	○役わりを決める。3学期の活動計画を確認する。めあての見直し。	1	・クラブノート、個人カード
		○計画にそって、サッカーを楽しむ。	1	・クラブノート、個人カード、ボール、ふえ、得点板
		○クラブ発表会	1	・発表原稿、個人カード
	2	○計画にそって、サッカーを楽しむ。	2	・クラブノート、個人カード、ボール、ふえ、得点板
	3	○計画にそって、サッカーを楽しむ。	1	・クラブノート、個人カード、ボール、ふえ、得点板
		○1年間のまとめと反省	1	・クラブノート、個人カード

小学校　クラブ活動（パソコンクラブ）

表2-22　パソコンクラブの一単位時間の指導計画 (例)
○○**小学校** （指導者作成）

◎「みんなでアニメーションづくりをしよう」4/5

過程	活動の予定	役割	分	指導者の働きかけ	○評価観点 (評価方法) ・準備物
つかむ	1. はじめの話合いをする。 ○あいさつをする。 ○出欠確認をする。 ○本時の活動予定の確認をする。 ○グループごとにめあてと役割を確認する。	・代表 ・副代表 ・書記 ・グループリーダー	5	・代表、副代表を中心に各班長が協力できるようにする。 ・時間の見通しをもてるようにする。 ・グループリーダーを中心に話合いができるようにする。	○1、2 (観察) ・クラブファイル ・出席表 ・グループノート
追求する	2. グループごとにアニメーションづくりをする。 ○写真撮影をする。 ○撮影した写真を動画として編集する。 ○感想や改善点について話し合う。	・グループリーダー	35	 ・協力し合って楽しく、仲よく活動ができるようにする。 ・自分の役割ができるようにする。 ・活発に話し合うことができるようにする。	○1、2、3 (観察) ・タブレット ・人形

ま と め る	3. 終わりの話合いをする ○本時の活動をグループごとに振り返り、次時のめあてを決める。 ○振り返りをグループごとに発表する。 ○指導者の話を聞く。 ○次時の活動予定を確かめる。意欲付けをする。 ○終わりのあいさつをする。	・代表 ・副代表 ・書記 ・班長	5	・めあてが達成できたかどうか振り返ることができるようにする。 ・本時の振り返りを、次時に生かせることができるようにする。 ・称賛と励ましの言葉をかけ、次時への意欲を高められるようにする。	○1、2、3 (振り返りカード、観察) ・クラブファイル ・振り返りカード ・グループノート

※1　上表内　評価観点　1. 知識及び技能　2. 思考力、判断力、表現力等　3. 主体的に学習に取り組む態度

［評価規準と評価観点］

(1) みんなでクラブを楽しくすることの大切さを理解できたか。

(知識及び技能)

(2) 楽しいクラブにするため、よく考えて意見を出すことができたか。

(思考力、判断力、表現力等)

(3) 異年齢との交流を図り、目標や役割をもって自主的に活動することができたか。　(主体的に学習に取り組む態度)

小学校
クラブ活動（サッカークラブ）

○○クラブ　個人カード

年　組（　　　　　）

月　日　（　　）
○　今日の活動内容　（　　　　　　　　　　　　　　　）

クラブ全体のめあて	
グループのめあて	
自分のめあて	

○　今日の反省
・めあてを守って活動できたか。　（よくできた・まあまあ・できなかった）
・協力して、楽しく活動できたか。　（よくできた・まあまあ・できなかった）
・あとかたづけはできたか。　（よくできた・まあまあ・できなかった）

個人カード（振り返り）

　指導者は、クラブ活動を通して、児童たちの運動や科学・芸術等に対する関心や意欲の向上を図り、クラブ活動で学んだことが、将来、豊かな生涯学習に通じる基礎を培うことを意識して指導に当たりたい。

　なお、クラブ活動には、活動時間の確保や保護者の関心・理解を深めること、また地域社会との交流・連携を推進すること等も課題として挙げられる。これらの課題の解消につながる事例として、次に紹介する二つの小学校の実践は参考になるので紹介する。

［クラブ見学会・発表会を土曜授業日に実施した事例］

　近年、教科等での指導内容の増加に伴い、毎週クラブ活動を実施することは困難になってきた。そのため、クラブ見学会・発表会の時間設定・方法等についても各学校において工夫しなければならない現状が見られる。

　全国的に始まった土曜日における充実した学習機会を提供する土曜日の授業に関わり、K小学校（児童数461名）は、年6回、土曜授業を実施している。K小学校の場合は、年6回の土曜授業の内、2月はクラブ見学会・発表会を実施している。当日、1限目は授業時間を10分間延長してクラブ見学会・発表会に当て、2・3時限目に教科指導を行っている。

　当日の 1 時限目、1 ～ 3 年生はクラブ活動を見学し、4 ～ 6 年生は平素のクラブ活動の成果を発表する。この間、保護者にはすべてのクラブ活動を参観できるようにしている。

　この実践により、1・2 年生は、実際にクラブ活動を見ることによって、クラブ活動に対する興味・関心をもち始めるとともに上級生の自主的な活躍に感動する。3 年生は次年度のクラブ入部にあたり、クラブ活動の様子を見学しながら自分の希望するクラブを絞ることのできる機会になっている。4 ～ 6 年生は平素のクラブ活動の成果を発表することにより、成就感を得ることができ次への活動意欲が高まっている。保護者は平素見る機会の無かった児童の自主的、自治的なクラブ活動の様子から、クラブ活動及び学校教育のよさを理解する機会となっている。

　本事例は休日の土曜学習参観日にクラブ活動の見学会・発表会を設定し、クラブ活動の時間を確保するとともに、児童の人間関係や活動意欲を高めることや、1 ～ 3 年児童・保護者のクラブ活動に対する理解を深めることのできる事例になっている。

［地域行事に和太鼓クラブが参加し、地域の人々とのふれ合いを深めた事例］

　昨今、少子・高齢化、情報化等とともに地域の人間関係の希薄化も問題になっている。2006（平成 18）年の教育基本法の改正では、新たに「学校、家庭及び地域住民等の相互の連携協力」が示され、その後も連携協力の促進に一層資することが求められている。

　K 小学校（児童数 255 名）は、地域行事「子ども文化祭」に和太鼓クラブが参加し、地域との交流を図っている。文化祭当日は、和太鼓クラブ児童たちが力強く太鼓を打ち鳴らすバチさばきと、体中に響き渡る音に地域の人々から大きな拍手をいただくことができた。発表を終えた和太鼓クラブの児童たちの高揚した表情から、地域の一員として役立つことのできた喜びや、力いっぱいの発表を終えた満足感等を窺うことがで

きた。

　和太鼓クラブの地域行事への積極的な参加を通して、学校と地域の連携や、お互いのふれ合いは深まり、児童のやる気や社会性等も育むことができた。また、「地域とともにある学校づくり」・「児童の社会参画」を具現化した事例となった。

　新学習指導要領において目指している 21 世紀に必要な資質・能力の中で、「実践力」を構成する力には、人間関係形成力、社会参画力、自立的活動力等が挙げられており、これらの力は上記に紹介した二つの小学校の事例においても育まれていることが理解できる。

第5節　　学校行事の目標・内容・指導

　学校行事は、学校生活に秩序と変化を与え、集団への所属感を深めることや、学校生活の充実と発展に資する体験的な活動を行うことを通して、自己の生き方についての考えを深め、自己実現を図ろうとする態度を育てる教育活動である。そのため児童にとって魅力ある教育活動となっており、家庭や地域社会の関心も高い。

　学校行事では、児童が行事への参加を通して、多様な資質・能力、適性、興味・関心などを生かし、成就感、連帯感を高め、よりよい校風を育てる活動になっている。また、各学校の創意工夫により、やりがいのある行事を展開し、特色ある学校づくりに寄与できる効果的な場となることが期待できる。

　学校行事の目標・内容は、小学校学習要領解説特別活動編に次のように示されている。

① 学校行事の目標 [22]

> 　全校又は学年の児童で協力しよりよい学校生活を築くための体験的な活動を通して、集団への所属感や連帯感を深め、公共の精神を養いながら、第1の目標に掲げる資質・能力を育成することを目指す。

　学校行事の目標は、学校行事によって育まれる三つの視点である「人間関係形成」、「社会参画」、「自己実現」に基づいて示され、第1の目標に掲げる資質・能力を育成することを目指す。

② 学校行事の内容 [23]

　今回の学習指導要領の改訂では、学校行事の5種類の内容の変更は無く、全ての学年が取り組むべき活動として、各学校の創意工夫が求められている。以下に学校行事の内容を示す。

表2-23　学校行事の内容

> ①　儀式的行事　②　文化的行事　③　健康安全・体育的行事
> ④　遠足・集団宿泊的行事　⑤　勤労生産・奉仕的行事

③ 学校行事の5内容ごとのねらい・内容

（1）　**儀式的行事**は、「学校生活に有意義な変化や折り目を付け、厳粛で清新な気分を味わい、新しい生活の展開への動機付けとなるようにすること。」であり、その内容は、入学式、卒業式、始業式、終業式、修了式、離着任式、開校記念に関する儀式、朝会などがある。厳粛な場における儀礼やマナー等の知識や技能を習得することや

新しい生活への希望や意欲につなげること、集団の一員としての所属感を高め、人間関係形成を育むこと等が期待される。

(2)　**文化的行事**は、「平素の学習活動の成果を発表し、自己の向上の意欲を一層高めたり、文化や芸術に親しんだりするようにすること。」であり、その内容は、作品展、学芸会、学習発表会、音楽会、音楽・演劇鑑賞会、地域の伝統文化等の鑑賞会などがある。

　発表や鑑賞の進め方についての知識や技能を習得することや自他の良さを認め合うこと、自己の頑張りや課題に気付いて改善しようとする意欲を高めること等が期待される。

(3)　**健康安全・体育的行事**は、「心身の健全な発達や健康の保持増進、事件や事故、災害等から身を守る安全な行動や規律ある集団行動の体得、運動に親しむ態度の育成、責任感や連帯感の涵養、体力の向上などに資するようにすること。」であり、その内容は、健康診断、各種避難訓練、交通安全、大掃除、保健・安全・給食に関する行事、運動会、体力測定、水泳や球技・陸上などの大会等がある。

　健康で安全な生活に向けて自己の在り方を改善しようとする態度や目標に向けて努力しようとする態度の育成、規律ある集団行動の知識や技能の体得等が期待される。

(4)　**遠足・集団宿泊的行事**は、「自然の中での集団宿泊活動などの平素と異なる生活環境にあって、見聞を広め、自然や文化などに親しむとともに、よりよい人間関係を築くなどの集団生活の在り方や公衆道徳などについての体験を積むことができるようにすること。」であり、その内容は、遠足、修学旅行、野外活動、集団宿泊活動などがある。

　日常の学校生活とは違った環境で集団生活や人間関係の在り方

について実践的に学ぶことや役割分担の遂行を通して責任感や自己有用感を育むこと等が期待される。

(5)　**勤労生産・奉仕的行事**は、「勤労の尊さや生産の喜びを体得するとともに、ボランティア活動など社会奉仕の精神を養う体験が得られるようにすること。」であり、その内容は、飼育栽培活動、校内美化活動、地域社会や公共施設等の清掃活動、福祉施設との交流活動などがある。

公共のために役立つことや働くことの意義を理解し、社会参画への意欲を高め、進んで活動しようとする態度を育むことが期待される。

4 学校行事の指導

学校行事の指導計画の作成については、小学校学習指導要領解説特別活動編を参考にし、その概要を次に示す。

表2-24　学校行事の指導計画の作成[24]

(1)　学校の創意工夫を生かすとともに、学級や学校、地域の実態や児童の発達の段階などを考慮する
(2)　児童による自主的、実践的な活動が助長されるようにする
(3)　内容相互及び各教科、道徳科、外国語活動、総合的な学習の時間などの指導との関連を図る
(4)　家庭や地域の人々との連携、社会教育施設等の活用などを工夫する
(5)　その他の配慮事項
①　全教職員が関わって作成する

②　指導計画に示す内容
　　○　各行事のねらいと育成する資質・能力
　　○　5つの種類ごとの各行事を実施する時期と内容及び授業時数
　　○　学級活動や児童会活動、クラブ活動、各教科等との関連
　　○　評価の観点　など
③　年間指導計画の見直し
　　学校行事を実施するに当たっては、毎年検討を加え、改善を図るようにし、特に教育的価値に富む行事については、より積極的に取り上げていくようにすることが望ましい。
④　時間の取り方
　　学校行事については、年間、学期ごと、月ごとなどに適切な授業時数を充てるものとする。

次に学校行事の年間指導計画（例）を示す。

小学校　学校行事（遠足）

表2-25　学校行事　年間指導計画　（例）　　　○○小学校

重点目標	学校行事に進んで参加し、役割や責任を果たし、協力してよりよい学校生活を築こうとする自主的、実践的な態度を育てる。	
学校行事の種類・内容・時数	(1)　儀式的行事　　　　　　　　　　　　　　　　4〜8時間 　○　入学式、離着任式、始業式、卒業式、終業式、朝会等 (2)　文化的行事　　　　　　　　　　　　　　　　4時間 　○　学芸会・学習発表会、音楽会、展覧会・作品展等 (3)　健康安全・体育的行事　　　　　　　　　14〜15時間 　○　健康診断、食に関する指導、避難・防災訓練、交通安全教室、プール開き、運動会、体力テスト等 (4)　遠足・集団宿泊的行事　　　　　　　　　5〜15時間 　○　遠足、修学旅行、林間学校、社会教育施設見学等 (5)　勤労生産・奉仕的行事　　　　　　　　　　2〜5時間 　○　地域（公園）清掃、大掃除、奉仕活動等	
指導上の留意点	・学校の創意工夫を生かし、学級や学校の実態や児童の発達などを考慮する。 ・児童の自主的、実践的な活動が助長されるようにする。 ・他の教育活動と関連を図り日常の教育活動の成果が生かされるようにする。 ・家庭や地域の人々との連携、社会教育施設等の活用などを工夫する。	

月	学校行事の内容・時数　　※毎週月曜日：全校朝会
4	1・2年入学式(1)、2〜6年始業式(1/3)、対面式・着任式(0.5)、健康診断(1)・発育測定(2/3)
5	避難訓練(0.5)、交通安全教室(1)、遠足(6)、歯磨き訓練(2/3)、健康診断(1)
6	体力テスト(1)、健康診断(1)、地域公園清掃(1)、音楽鑑賞会(1)、避難訓練(0.5)、
7	プール開き(1)、自然体験学習(10)、大掃除(2/3)、終業式(0.5)
8	
9	始業式(0.5)、発育測定・健康診断(2/3)、避難訓練(0.5)、運動会練習(4)
10	運動会(5)、交通安全指導(1)、遠足(6)、6年修学旅行(10)

11	学芸会・学習発表会 (5)、展覧会・作品展 (2)、地域清掃 (1)
12	大掃除 (2/3)、終業式 (0.5)
1	始業式 (0.5)、発育測定・健康診断 (2/3)、避難訓練 (2/3)
2	地域・ボランティア交流会 (1)、6年卒業遠足 (6)
3	5・6年卒業式 (2)、大掃除 (2/3)、修了式 (0.5)

［育む資質・能力］
○　「知識及び技能」(何を知っているか、何ができるか)
　・　集団活動の意義や活動をする上で必要なことについて理解し、行動の仕方を身に付けるようにする。
○　「思考力、判断力、表現力等」(知っていること、できることをどう使うか)
　・　集団や自己の生活、人間関係の課題を見いだし、解決するために話し合い、合意形成を図ったり、意思決定したりすることができるようにする。
○　「学びに向かう力、人間性等」(どのように社会・世界と関わり、よりよい人生を送るか)
　・　自主的、実践的な集団生活を通して身に付けたことを生かして、集団や社会における生活及び人間関係をよりよく形成するとともに、自己の生き方についての考えを深め、自己実現を図ろうとする態度を養う。

［評価規準の観点］
○　「知識及び技能」
○　「思考力、判断力、表現力等」
○　「主体的に取り組む態度」
※　評価規準の文書内容は、「この学習で身に付けさせたい能力」について記述する。

［学校行事の特色］
　運動会、学芸会や工夫された学校行事は、教科等の学習の発展などとの関連や保護者・地域の人々の願いも受けとめ、その学校ならではの特色ある教育活動となっている。このような学校行事の中で行われる児童の活動は、各教科等や特別活動の他の内容と比較すると、いくつかの特色をもっており、その内、顕著な「学校行事の特色」を次に示す。
　①　学級の枠を超えた大きな集団による実践活動であり、幅広い人間

関係を築ける場である。

②　教科の枠にとらわれずに日常の学習の成果を発展させる総合的で体験的な活動である。

③　学校生活に折り目や変化を付け、リズムを与える非日常的な活動である。

学校行事は「学校の顔」といわれる。顔にはいろいろな表情があり、大切なことは、生き生きとしていることである。そのような学校行事を見ていると、参加している児童一人一人が活動することに喜びを感じ、進んで役割に挑んでいる姿が見られる。その姿が地域に信頼される学校づくりに繋がることを理解しておかなければならない。

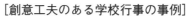

[創意工夫のある学校行事の事例]

小学校　学校行事（地域の方と公園清掃）

S小学校では、学校の地域性を生かした行事として、秋のクリーンピックの期間に合わせて地域の人々と一緒に町の美化清掃を行っている。地域の方々の姿を見ながら一緒に活動する中で自分たちの住む町に誇りをもつと同時に、地域に根ざした愛される学校となるような行事の工夫の大切さが理解できる。信頼される学校は、創意工夫のある学校行事の計画・実践から生まれるものである。

引用文献

1) 文部科学省『小学校学習指導要領解説　特別活動編』東洋館出版社　平成29年　p. 11

2) 同上書　p. 139

3) 同上書　p. 43

4) 同上書　pp. 46-47

5) 岸田元美著『学級話し合いの指導と技術』特別活動研究双書17　明示図書1977年　p. 123

6) 文部科学省『小学校学習指導要領解説　特別活動編』東洋館出版社　平成29年　p. 73

7) 同上書　p. 74

8) 同上書　p. 75

9) 大阪市小学校教育研究会　特別活動研究書籍編集委員会編『特別活動の指導ハンドブック』大阪市小学校学校教育研究会　2006年　p. 74

10) 同上書　p. 45

11) 中園大三郎　修士論文『小学校の係活動に関する研究―係活動を阻む原因帰属の分析を中心として―』兵庫教育大学院　1984年　pp. 38-46

12) 中園大三郎共著『改訂学習指導要領に則した小学校の機能に関する研究』兵庫教育大学と大学院同窓会との共同研究論文集「学校教育コミュニティ」第4号　兵庫教育大学都道府県連携推進本部　平成25年度　pp. 59-64

13) 文部科学省『小学校学習指導要領解説　特別活動編』東洋館出版社　平成29年　p. 84

14) 同上書　p. 86

15) 同上書　pp. 90-97

16) 大阪市小学校教育研究会　特別活動研究書籍編集委員会編『特別活動の指導ハンドブック』児童会活動部　2003年　p. 17

17) 大阪市小学校教育研究会　特別活動研究書籍編集委員会編『特別活動の指導ハンドブック』大阪市小学校学校教育研究会　2003年　A-1ページ

18) 特別活動研究書籍編集委員会編『特別活動の指導ハンドブック』大阪市小学校学校教育研究会　2006 年　p. 101

19) 文部科学省『小学校学習指導要領解説　特別活動編』東洋館出版社　平成29 年　p. 102

20) 同上書　pp. 104-105

21) 同上書　pp. 108-114

22) 同上書　p. 116

23) 同上書　pp. 118-127

24) 同上書　pp. 127-132

参考文献

1) 文部科学省『小学校学習指導要領解説　特別活動編』東洋館出版社　平成29 年

2) 文部科学省『楽しく豊かな学級・生活をつくる特別活動 小学校編』国立教育政策研究所　教育課程研究センター　文渓堂　平成26 年

3) 大阪市小学校教育研究会『児童会活動指導のレシピ』児童会活動部編　平成25 年

4) 大阪市小学校教育研究会　『平成24 年度　大阪市小学校教育研究会 児童会活動部研究紀要』児童会活動部　平成25 年

5) 文部科学省教育教育課程部会　特別活動ワーキンググループ　第8 回配布資料　平成28 年

6) 大阪市小学校教育研究会　『特別活動の指導ハンドブック』特別活動研究書籍編集委員会編　2006 年

7) 中園・松田共著「21 世紀社会に必要な『生き抜く力』を育む特別活動の理論と実践【改訂版】」学術研究出版　2016 年

8) 文部科学省『楽しく豊かな学級・学校生活をつくる特別活動　小学校編』国立教育政策研究所　教育課程研究センター　2014 年

9) 文部科学省『教育課程企画特別部会　論点整理補足資料』中央教育審議会部会　2016 年

コラム②

特別活動における「主体的・対話的で深い学び」とは

この度の学習指導要領改訂において、特別活動で育む資質・能力を偏りなく達成するために、児童生徒の「主体的・対話的で深い学び」の実現に向けた授業改善を進めることが示された。

1. 主体的な学び

学級や学校の実態や自己の現状に即し、課題を見いだしたり、課題解決に向けて自主的に実践したり、成果や改善点に気付いたりできるような学習過程を通すことにより、児童生徒の主体的な学びが実現できると考えられる。

2. 対話的な学び

学級活動・ホームルーム活動、児童会活動・生徒会活動、クラブ活動などの自治的な活動では、「話合い活動」が位置付けられている。これらの活動を通して他者の多様な考え方に触れ、自らの考えを広げたり深めたりすることができる。

3. 深い学び

「深い学び」の実現には、一連の学習過程の中でどのような資質・能力を育むのかを明確にした上で、意図的・計画的に指導に当たることが肝要である。その際、「人間関係形成」「社会参画」「自己実現」の三つの視点を生かしながら、各教科等で学んだ知識や技能と関連付けてより深く理解したり、新たな課題を発見し解決策などを考えたりすることなど、より質の深い学びを実現することが求められている。

特別活動において、上記の授業改善を行うことにより、課題発見―話合い―実践―振り返りという一連の学習過程で、活動を深め、より充実したものにすることが可能である。

●参考文献

文部科学省『小学校学習指導要領解説　特別活動編』東洋館出版社　平成29年
　　pp. 22-23

第3章

中学校・高等学校の特別活動

| 第 1 節 | 中学校・高等学校の特別活動の目標・内容・指導計画 |

① 特別活動の目標・内容

　中学校・高等学校の特別活動の目標と各活動・学校行事の目標との関連は、中学校・高等学校新学習指導要領第5章において、次のように示されている。

表3-1　中学校・高等学校の特別活動の目標、各活動・学校行事の三つの内容[1]

中学校	高等学校
［目標］ 　集団や社会の形成者としての見方・考え方を働かせ、様々な集団活動に自主的、実践的に取り組み、互いのよさや可能性を発揮しながら集団や自己の生活上の課題を解決することを通して、次のとおり資質・能力を育成することを目指す。 (1) 多様な他者と協働する様々な集団活動の意義や活動を行う上で必要となることについて理解し、行動の仕方を身に付けるようにする。 (2) 集団や自己の生活、人間関係の課題を見いだし、解決するために話し合い、合意形成を図ったり、意思決定したりすることができるようにする。 (3) 自主的、実践的な集団活動を通して身に付けたことを生かして、集団や社会における生活及び人間関係をよりよく形成するとともに、人間としての生き方についての考えを深め、自己実	［目標］ 　集団や社会の形成者としての見方・考え方を働かせ、様々な集団活動に自主的、実践的に取り組み、互いのよさや可能性を発揮しながら集団や自己の生活上の課題を解決することを通して、次のとおり資質・能力を育成することを目指す。 (1) 多様な他者と協働する様々な集団活動の意義や活動を行う上で必要となることについて理解し、行動の仕方を身に付けるようにする。 (2) 集団や自己の生活、人間関係の課題を見いだし、解決するために話し合い、合意形成を図ったり、意思決定したりすることができるようにする。 (3) 自主的、実践的な集団活動を通して身に付けたことを生かして、主体的に集団や社会に参画し、生活及び人間関係をよりよく形成するとともに、人間としての在り方生き方についての自

現を図ろうとする態度を養う。

[各活動・学校行事の三つの内容]
1. 学級活動
　(1)　学級や学校における生活づくりへの参画
　(2)　日常の生活や学習への適応と自己の成長及び健康安全
　(3)　一人一人のキャリア形成と自己実現

2. 生徒会活動
　(1)　生徒会の組織づくりと生徒会活動の計画や運営
　(2)　学校行事への協力
　(3)　ボランティア活動などの社会参画

3. 学校行事
　(1)　儀式的行事
　(2)　文化的行事
　(3)　健康安全・体育的行事
　(4)　旅行・集団宿泊的行事
　(5)　勤労生産・奉仕的行事

覚を深め、自己実現を図ろうとする態度を養う。

[各活動・学校行事の三つの内容]
1. ホームルーム活動
　(1)　ホームルームや学校における生活づくりへの参画
　(2)　日常の生活や学習への適応と自己の成長及び健康安全
　(3)　一人一人のキャリア形成と自己実現

2. 生徒会活動
　(1)　生徒会の組織づくりと生徒会活動の計画や運営
　(2)　学校行事への協力
　(3)　ボランティア活動などの社会参画

3. 学校行事
　(1)　儀式的行事
　(2)　文化的行事
　(3)　健康安全・体育的行事
　(4)　旅行・集団宿泊的行事
　(5)　勤労生産・奉仕的行事

[特別活動の目標について]

　特別活動の目標の(1)〜(3)は、全教科共通の三つの柱である次の資質・能力の育成を目指している。

　(1) 生きて働く「知識及び技能」の習得

　(2) 未知の状況にも対応できる「思考力、判断力、表現力等」

　(3) 学びを人生や社会に生かそうとする「学びに向かう力、人間性等」の涵養

　なお、特別活動が目標としていることは、従前と変わらないことを前提とし、特別活動で育む資質・能力である三つの視点「人間関係形成」、「社会参画」、「自己実現」を踏まえ、上記に示した全教科共通の三つの柱の資質・能力の育成を図らなければならない。

［特別活動の目標と各活動・学校行事の目標との関連］

　特別活動の目標と各活動・学校行事の目標との関連について、学習指導要領解説　特別活動編には、次のように示されている。

　「特別活動は、各活動・学校行事で構成されており、それぞれ独自の目標と内容をもつ教育活動である。しかし、それらは決して別々に異なる目標を達成することとしているものではない。構成や規模、活動の形態などが異なる集団活動を通して、第１の目標に掲げる特別活動で育成すべき「資質・能力」を身に付けることを目指して行うものである。（中略）いずれの目標も、集団の特質や活動の過程の特徴を踏まえた活動を通して、第１の目標に示す資質・能力を育てるものであることを示している。学習指導要領において、各活動・学校行事ごとに育成することを目指す資質・能力を資質・能力の三つの柱（「知識及び技能」、「思考力、判断力、表現力等」、「学びに向かう力、人間性等」）に即して具体的に示していないのはそのためであり、各学校においては、こうした特別活動の全体目標と各活動・学校行事の目標の関係を踏まえて、それぞれの活動の特質を生かした指導計画を作成し、指導の充実を図ることが大切である。」

　※下線部及び（　）内は、筆者の加筆。

［各活動・学校行事の三つの内容について］

　中学校・高等学校の特別活動の目標を達成するための各活動・学校行事は、前述に示した三つの内容で構成されている。

　各内容の中では、学級活動・ホームルーム活動は、小学校と同様に学級の問題に係る活動だけでなく、他の内容の充実・向上を目指した活動も行うこととなる。したがって、特別活動は、学級活動・ホームルーム活動を中核として、相互関連を適切に図りながらその目標を達成していかなければならない。

［学級活動の学習過程］

　学級活動の学習過程は、学級活動(1)と学級活動(2)(3)に分けられる。学級活動(1)「学級や学校における生活づくりへの参画」の学習過程は、次の図のように表すことができる。[2]

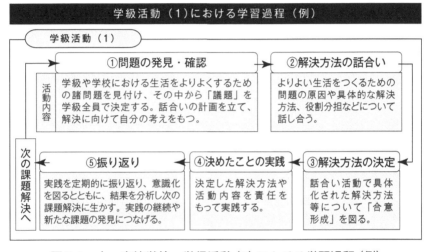

図3-1　中・高等学校　学級活動(1)における学習過程(例)

　「問題の発見・確認」は、学級や学校での生活をよりよくするため、学級や学校での生活上の問題から、学級の生徒が共通して取り組むべき課題を見いだすことである。ここでの「議題」は、教師の適切な指導の下に生徒によって提案される話合いの内容のことであり、集団生活に関わる諸問題への対応、生徒会活動や学校行事への参加や協力の在り方などが挙げられる。「解決方法の話合い」「解決方法の決定」は、議題の提案理由を基に、一人一人の思いや願いを大切にしながら意見を出し合い、分類したり、比べ合ったりしながら、学級としての考えをまとめる「合意形成」までの過程である。「合意形成」を図る際には、課題に対して一人一人が自分なりの意見や意思をもった上で話合いに臨

むことが必要である。特に、学級や学校の課題を自分ごととして捉え、解決に向けて自分の意思をもつことができるような活動の過程にすることが求められる。また、合意形成に基づいた実践では、自分自身に何ができるか、何を行うべきかということを主体的に考え、生徒が意思をもって活動に取り組むことが必要である。「決めたことの実践」とは、生徒が合意形成に基づいて協働して取り組むとともに、一連の活動を「振り返り」、次の課題解決へとつなげていくものである。

　次に、学級活動の内容(2)「日常の生活や学習への適応と自己の成長及び健康安全」(3)「一人一人のキャリア形成と自己実現」の学習過程は次のような図で示される。[3]

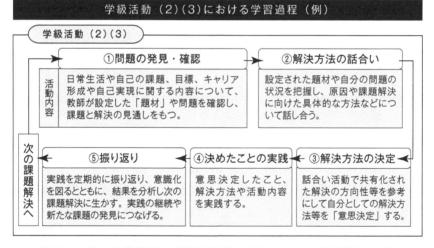

図3-2　中・高等学校　学級活動(2)(3)における学習過程(例)

　ここでの「題材」は、教師があらかじめ年間指導計画に即して設定したものである。「問題の発見・確認」とは、「題材」に基づいた資料やアンケート結果から生徒一人一人が日常生活や将来に向けた自己の生き方、進路等の問題を確認し、取り組むべき課題を見いだして、解

決の見通しをもつことである。「題材」の例としては、地域防災、将来の目標と自分の生き方などが挙げられる。「解決方法の話合い」「解決方法の決定」では、話合いを通して、相手の意見を聞き、自分の考えを広げたり、課題の解決方法を決める「意思決定」までの過程が示されている。「決めたことの実践」「振り返り」では、決めたことについて粘り強く実践したり、一連の活動を振り返って成果や課題を確認したり、更なる課題の解決に取り組もうとする意欲を高めることが重要である。

② 特別活動の指導計画

　特別活動の指導計画の作成に当たっての配慮事項については、中学校学習指導要領 解説 特別活動編第4章において次のように示されている。

表3-2　特別活動の全体計画や年間指導計画の作成⁴⁾

　特別活動の各活動及び学校行事を見通して、その中で育む資質・能力の育成に向けて、生徒の主体的・対話的で深い学びの実現を図るようにすること。その際、よりよい人間関係の形成、よりよい集団生活の構築や社会への参画及び自己実現に資するよう、生徒が集団や社会の形成者としての見方・考え方を働かせ、様々な集団活動に自主的、実践的に取り組む中で、互いのよさや個性、多様な考えを認め合い、等しく合意形成に関わり役割を担うようにすることを重視すること。

(1) 全体計画
　「特別活動の全体計画」は、特別活動の目標を調和的・効果的に達成するために各学校において作成される特別活動の全体の指導計画である。全体計画に示す内容は、次の通りである。

表3-3　全体計画に示す内容[5]

○　学校教育目標
○　特別活動の重点目標
○　各教科等との関連（教育課程外の活動等との関連を含む）や危機管理との関連
○　各活動・学校行事の目標と指導の方針
○　特別活動に充てる授業時数等
○　特別活動を推進する校内組織
○　評価　など

※　全体計画には、教育課程には位置付けられていない「朝の会」、「帰りの会」、「当番の活動」、「部活動」との関連についても示しておきたい。これらは、特別活動と関連の深い教育活動である。

(2) 年間指導計画

　各活動及び学校行事の年間指導計画は、全体計画に基づいて作成し、その作成に当たって留意すべき内容は、学習指導要領解説特別活動編第 4 章において次のように示されている。

表3-4　各活動・学校行事の年間指導計画の作成[6]

(1) 学校の創意工夫を生かす
(2) 学級や学校、地域の実態や生徒の発達の段階及び特性等を考慮する
(3) 各教科、道徳科、総合的な学習の時間などの指導との関連を図る
(4) 生徒による自主的、実践的な活動が助長されるようにする
(5) 家庭や地域の人々との連携、社会教育施設等の活用などを工夫する
(6) 特別活動の授業時数

　「年間指導計画」の作成に当たっては上記以外にも、授業時数、設置する校内組織（校務分掌）や実施する学校行事等を明らかにしておかなければならない。

(3) 生徒指導の機能を十分に生かす [7]

　生徒指導は、新学習指導要領第 1 章総則に示されているように「生徒が、自己の存在感を実感しながら、よりよい人間関係を形成し、有意義で充実した学校生活を送る中で、現在及び将来における自己実現を図っていくことができるよう」に指導・援助を行うのである。

　特別活動の指導は、その目標や内容、指導の形態や方法において生徒指導と深く関わるものがあり、生徒指導の機能を指導計画の作成に十分に生かすことにより指導の効果が上がるといえる。また、生徒指導は自己指導能力の育成、生徒一人一人の望ましい人格形成を図るために、集団場面に続いてあるいは並行しての個別場面における指導に努めることも大切である。

(4) 総合的な学習の時間との関連 [8]

　特別活動と総合的な学習の時間は、各教科で身に付けた資質・能力を総合的に活用・発揮しながら、生徒が自らの現実の課題の解決に取り組むこと、体験的な学習や協働的な学習を重視することに共通点がある。しかしながら、特別活動は実践、総合的な学習の時間は探究に本質があると言える。また、特別活動における解決は、現実の課題を改善することであるのに対して、総合的な学習の時間にける解決は、一つの疑問の解決からさらに新たな問いが生まれ、問い続けていくものであるため、重なり合う点もあるが目指しているものが本質的に異なっている点には留意する必要がある。

　新学習指導要領総則第 2 の 3 の (2) のエでは、総合的な学習の時間の実施によって、特別活動の学校行事の実施に替えることができるという規定を設けているが、その際にも、両者の特質を生かし合った関連が重要である。そのため、総合的な学習の時間で学んだ内容が特別活動における実際の学級や学校の生活に生かされるよう、両者について正しい理解をしておくことが求められる。

(5) ガイダンスとカウンセリングの趣旨を踏まえた指導を充実する[9]

　指導計画の作成に関わって、新学習指導要領第5章に示されている次のことに配慮しなければならない。

> 　学校生活への適応や人間関係の形成、進路の選択などについては、主に集団の場面で必要な指導や援助を行うガイダンスと、個々の生徒の多様な実態を踏まえ、一人一人が抱える課題に個別に対応した指導を行うカウンセリング（教育相談を含む。）の双方の趣旨を踏まえて指導を行うこと。特に入学当初においては、個々の生徒が学校生活に適応するとともに、希望や目標をもって生活をできるよう工夫すること。あわせて、生徒の家庭との連絡を密にすること。

　生徒一人一人の学校生活への適応や人間関係の形成、進路の選択を実現するために行われる教育活動である。特別活動にあっては、学級活動・ホームルーム活動や生徒会活動、学校行事との関連により、生徒の行動や意識の変容を促し、ガイダンスとカウンセリングを一人一人の発達を促す働きかけとしての両輪として捉えることが大切である。

(6) 道徳科などとの関連[10]

　特別活動と道徳との関連については、新学習指導要領第5章で示されている通り「道徳教育の目標に基づき、道徳科などとの関連を考慮しながら、第3章特別の教科道徳の第2に示す内容について、特別活動の特質に応じて適切な指導をすること」を考慮して、適切に指導しなければならない。とりわけ、特別活動における様々な集団活動や体験的な活動は、自己の生き方を考え、自己の実現を図るための道徳的な実践の指導をする重要な場や機会となり、道徳教育に果たす役割が大きい。

　特別の教科道徳では、特別活動における各活動・学校行事において

体験した道徳的行為や道徳上の事柄について取り上げ、生徒がその道徳的意義を考えられるようにし、道徳的価値として自覚できるようにしていくことが求められる。さらに、特別の教科道徳での指導が特別活動における具体的な活動場面で生かされることにより、それぞれの活動がより効果的に行われることにもなるので、両者の特質を理解した上で、それぞれの特質を生かして関連付けたい。

　上記以外に、高等学校では、指導計画の作成に当たっての配慮事項として、「社会的な自立と人間としての在り方・生き方に関する指導を充実する」ことが挙げられ、その充実は道徳教育やキャリア教育の推進の観点から大切であると示されている。

| 第2節 | 学級活動・ホームルーム活動の目標・内容・指導 |

　学級活動・ホームルーム活動は、生徒たちの人間形成を図る特別活動の基盤として、学校生活の基本単位である学級生活の充実と向上および健全な生活や社会づくりの実践力を高める重要な役割を担っている。

① 学級活動・ホームルーム活動の目標・内容

　中学校の学級活動と高等学校のホームルーム活動の目標・内容を次に示す。

表3-5　中学校の学級活動・高等学校のホームルーム活動の目標・内容[11]

中学校　（学級活動）	高等学校　（ホームルーム活動）
［目標］ 　学級や学校での生活をよりよくするための課題を見いだし、解決するために話し合い、合意形成し、役割を分担して協力して実践したり、学級での話合いを生かして自己の課題の解決及び将来の生き方を描くために意思決定して、実践したりすることに自主的、実践的に取り組むことを通して、第1の目標に掲げる資質・能力を育成することを目指す。	［目標］ 　ホームルームや学校での生活をよりよくするための課題を見いだし、解決するために話し合い、合意形成し、役割を分担して協力して実践したり、ホームルームでの話合いを生かして自己の課題の解決及び将来の生き方を描くために意思決定して、実践したりすることに、自主的、実践的に取り組むことを通して、第1の目標に掲げる資質・能力を育成することを目指す。
［内容］ 　1の資質・能力を育成するため、全ての学年において、次の各活動を通して、それぞれの活動の意義及び活動を行う上で必要となることについて理解し、主体的に考えて実践できるよう指導する。	［内容］ 　1の資質・能力を育成するため、全ての学年において、次の各活動を通して、それぞれの活動の意義及び活動を行う上で必要となることについて理解し、主体的に考えて実践できるよう指導する。
(1) 学級や学校における生活づくりへの参画 　ア　学級や学校における生活上の諸問題の解決 　イ　学級内の組織づくりや役割の自覚 　ウ　学校における多様な集団の生活の向上	(1) ホームルームや学校における生活づくりへの参画 　ア　ホームルームや学校における生活上の諸問題の解決 　イ　ホームルーム内の組織づくりや役割の自覚 　ウ　学校における多様な集団の生活の向上
(2) 日常の生活や学習への適応と自己の成長及び健康安全 　ア　自他の個性の理解と尊重、よりよい人間関係の形成 　イ　男女相互の理解と協力 　ウ　思春期の不安や悩みの解決、性的な発達への対応 　エ　心身ともに健康で安全な生活態	(2) 日常の生活や学習への適応と自己の成長及び健康安全 　ア　自他の個性の理解と尊重、よりよい人間関係の形成 　イ　男女相互の理解と協力 　ウ　国際理解と国際交流の推進 　エ　青年期の悩みや課題とその解決

度や習慣の形成 　オ　食育の観点を踏まえた学校給 　　食と望ましい食習慣の形成	オ　生命の尊重と心身ともに健康 　　で安全な生活態度や規律ある習 　　慣の確立
(3) 一人一人のキャリア形成と自己 　実現 　ア　社会生活、職業生活との接続 　　を踏まえた主体的な学習態度の 　　形成と学校図書館等の活用 　イ　社会参画意識の醸成や勤労観・ 　　職業観の形成 　ウ　主体的な進路の選択と将来設 　　計	**(3) 一人一人のキャリア形成と自己 　実現** 　ア　学校生活と社会的・職業的自 　　立の意義の理解 　イ　主体的な学習態度の確立と学 　　校図書館等の活用 　ウ　社会参画意識の醸成や勤労観・ 　　職業観の形成 　エ　主体的な進路の選択決定と将 　　来設計

　学級活動・ホームルーム活動の内容は、それぞれの特質に応じて上表内に示す通り (1)、(2)、(3) に分類され、この内容は、いずれの学年においても取り扱うものとされている。

② 学級活動・ホームルーム活動の指導

(1) 学級活動・ホームルーム活動の指導計画

　前述の学級活動・ホームルームの活動内容 (1) ～ (3) に関わる指導計画の基本的姿勢について、新学習指導要領解説特別活動編には次の内容が示されている。

　学級活動・ホームルーム活動 (1)「学級や学校における生活づくりへの参画」については、主として生徒の自発的、自治的な実践活動を特質とする。したがって、指導計画は生徒の活動として取り上げる具体的な内容、方法、時間などについて、あらかじめ大まかな枠組みを定め、実際の活動は、生徒によって具体的な活動計画が立てられ実施されるよう弾力性、融通性に富むことが大切である。

　学級活動・ホームルーム活動 (2)「日常の生活や学習への適応と

自己の成長及び健康安全」については、主として個人の生活における適応や成長、自立等に関わる内容であり、生徒一人一人の理解や自覚、意思決定とそれに基づく実践等を大事にする活動である。

　学級活動・ホームルーム活動 (3) 「一人一人のキャリア形成と自己実現」については、主として教師が意図的、計画的に指導する内容である。そのため、各教科、道徳科及び総合的な学習の時間などの指導、日常のあらゆる教育活動を通して行われる生徒指導との関連を図りながら、学年ごとに指導する内容や時期、時間などを明確にして指導計画を作成する必要がある。

　次に中学校における学級活動の年間指導計画を示す。

表3-6　1年○組　　学級活動　年間指導計画　（例）　　　　○○中学校

重点目標	集団活動を通して、学級生活の向上に協力するとともに、よりよい人間関係を形成し、学級生活の向上に参画する自主的、実践的な態度を育成する。			
月	学級活動 (1) の内容 （予想される議題）	学級活動 (2) の内容 （取り上げる題材）	学級活動 (3) の内容 （取り上げる題材）	時数
4	○級友を知るゲームをしよう ○学級目標をつくろう	○中学校生活		3
5	○班・係活動を考えよう ○遠足の計画を立てよう ○教室をきれいにしよう		○学習と部活動	4
6	○レクリエーション会を開こう ○学級のきまりを見直そう		○班・係活動からの学び	4
7	○球技大会を開こう ○1学期を振り返ろう	○夏休みの生活		2
9	○夏休みの体験を発表しよう ○体育祭への参加準備をしよう	○男女の協力		3
10	○級友の頑張りを発表しよう ○文化祭の準備をしよう ○進んで生徒会活動に参加しよう		○自分に合った勉強の仕方	4
11	○学習態度の見直しをしよう ○十大ニュースの発表をしよう	○ボランティア活動への参加		4
12	○「冬休みの計画」発表をしよう	○私の悩み		2

1	○3学期の計画を立てよう ○夢を語り合おう ○耐寒マラソンの参加を考えよう			3
2	○学級文集の計画を立てよう ○友情について考えよう ○美化活動の計画を立てよう		○先輩の進路	4
3	○「3年生を送る会」の準備をしよう ○1年間のまとめをしよう		○私の進路計画	2
時　数	25	5	5	35
他の教育活動との関連	各教科、道徳科及び総合的な学習の時間や、生徒指導等との密接な関連を図る。			

［育む資質・能力］
　・集団活動を実践する上で必要となる「知識及び技能」
　・集団や自己の課題を見いだす「思考力、判断力、表現力等」
　・集団や生活をよりよくするための「学びに向かう力、人間性等」
［評価規準の観点］
○　「知識及び技能」
○　「思考力、判断力、表現力等」
○　「主体的に取り組む態度」
※　評価規準の文書内容は、「この学習で身に付けさせたい能力」を記述する。

(2) 話合い活動

　学級の話合い活動は、学級活動・ホームルーム活動の「(1) 学級や学校における生活づくりへの参画　ア　学級や学校における生活上の諸問題の解決」に位置付けられている。

　話合い活動は、教師の適切な指導の下に自主的、実践的に行われ、生徒による自主的、実践的な活動としての話合いが伸長される指導助言の姿勢を大切にしたい。

　学級活動・ホームルーム活動 (1) に関わる話合いは、集団の合意形成と意思決定を導く自治的、自発的な活動として、学級活動・ホームルーム活動 (2) 及び (3) に関わる話合いは、一人一人の自己決定を導く自主的、実践的な活動として取り扱われている。なお、実際の話合いの指導においては、いくつかの形態がある。教師の指導の下に生徒が話合いを進める場合や教師が一斉指導する場合もあるが、この考え

を固定化する必要はない。例えば集会活動の計画や役割の話合いに教師も入ると、よいアイデアを提供することとなるので、指導法は柔軟に考えることが大切である。

　指導に当たっては、活動内容の特質に応じた活動テーマ（議題・題材）の設定や結論の導き方に差異があっても、その過程における話合い活動に大きな違いはなく、柔軟な指導が大切である。したがって、学級活動・ホームルーム活動 (1)・(2)・(3) のいずれにおいても、一単位時間の指導計画（指導案）の形式は、一部、文言の区別があっても基本的には変える必要はないと考えられる。

　話合い活動の方法や仕方について留意しなければならないことは、資料の収集とまとめ、活動テーマ（議題・題材）の設定、提案理由の説明、活動の展開などをはじめとする発言・記録・話合いなどの基本的な事柄を平素から生徒が理解できるようにしておくことである。

中学校　学級活動 (1) の話合いの展開例

◎　議　題　「みんなの力を合わせ、合唱コンクールを成功させよう」

［事前の活動］	［本時の活動］	［事後の活動］
朝の会や帰りの会	学級活動	日常の学校生活
1. 学級の実態調査 ・アンケート実施 　（実行委員会） 2. アンケートの集計 3. 提案理由の検討 4. 話合いの進め方の 　検討 5. 役割分担	1. 調査結果の提示 2. 提案理由の発表 3. 話合い方法の提示 4. 改善すべきことについての話合い 5. 自己決定・集団決定 6. 先生の話	1. 決まったことの実践 2. 決定したことの教室掲示、朝の会や帰りの会 3. 振り返り

高等学校　ホームルーム活動 (2) の話合いの展開例

◎　題　材　「いじめや暴力のない学級を目指そう」

[事前の活動と生徒の活動]

朝の会

1. 学級の実態調査
　（実行委員会）
2. アンケートの集計
3. 提案理由の検討
4. 話合いの進め方の理解

⇨

[本時の活動]

学級活動

1. 調査結果の提示
2. 提案理由の発表
3. 本時の進め方の理解
4. 改善すべきことの
　話合い・指導支援
5. 自分はどうするか。
　（自己決定）
6. 先生の話

⇨

[事後の活動と生徒の活動]

日常の学校生活

1. 決めたことの実践
2. 決定事項の教室掲示
3. 振り返り

[中学校からの話合い活動で配慮すべき点]

①　中学校では、小学校で行っているような話合い活動の指導が十分に行われていない現状が見られる。例えば、コの字隊形の座席づくり、合意形成の方法、集団決定と自己決定の話合いのスタイル、児童たちの板書の工夫による意見の整理・分類などの手法は、中学校においても小学校や高等学校の円滑な接続を踏まえて、適切な内容を取り上げて継続的に指導しなければならない。

②　中学校・高等学校においては、生徒の入学当初から教科偏重指導や特別活動において生徒指導や進路指導に関わる内容を取り上げる傾向にあるので、生徒たちの自治的な話合いが育ちにくい弊害がある。また、中学校においては、よりよい人間関係づくりや学級づくりの途上における中1ギャップ問題を生じることにも留意したい。

③　話合いは、生徒が自ら学級や学校での生活上の諸問題を発見し、全員で課題を解決するために、一人一人の思いや願いを意見として出し合い、合意形成を図るため、多数決を安易に早くとることは避けなければならない。話合いで学ぶことのできる「自分もよく・相手もよく・周りもよい」といった折り合いを付ける力は、変化の激しい21世紀社会において、たくましく生き抜く力となり、豊かな人

間性を育む基礎となる。したがって、話合いは、多数決を急がず人と人との関わりを学び、協力してやり遂げるという繰り返しを大切にしたい。

④　新学習指導要領の改訂では、特別活動で育成を目指す資質・能力を小・中・高等学校を通じて系統的・発展的に整理する中で、話合い活動の進め方や合意形成の仕方、チームワークの重要性や集団活動における役割分担など、特別活動の前提に関わる基礎的な資質・能力を発達段階を踏まえてさらに発展させていくことが求められている。

次に、中学校の学級活動学習指導案及び高等学校のホームルーム活動学習指導案を示す。

中学校　学級活動学習指導案（例）
学級活動（1）「学級や学校の生活づくり」

学級活動学習指導案

第1学年○組

指導者　教諭　　○○　　○○

1．日　　時　　　○年○月○日（　）時限
2．議　　題　　　「体育祭の成功を目指し、友だちの絆を深めよう」
3．生徒の実態と議題選定の理由
　(1) 生徒の実態

　　　本学級の生徒の多くは、明るく活発で何事にも誠実に取り組もうとする。しかし、互いに認め合って尊重し合う態度に欠けているところもあるので、自分らしさを発揮しながら、互いに思いやり、認め合える、多様な他者と協働する人間関係づくりが課題に挙げられる。そこで、年度当初より話合い活動を中心にして、人間関係づくりに係る議題や題材を取り入れ、楽しい学級生活の創造に取り組ん

できた。

(2) 議題設定の理由

　　生徒は中学校に入学し、学校生活にはかなり慣れてきた。しかし、心理的に不安定な時期でもあり、人間関係の軋轢やささいなこと等が悩みとなり、学校生活全体につまずきが見られることもある。そこで、1学期の生活上の問題を明確にするため、学期末にアンケートを実施し、それを生かして2学期をより豊かにしていくように働きかけた。結果の分析から、友だちに関わる内容が多いことが分かった。そして、学級全体で話合って「互いを思いやり、いろいろな人と関わり合う」ことのできる活動が不可欠であることが提起された。一日も早くよりよい人間関係を築くように、体育祭の取り組みを通して、本学級の課題の解決を図ろうと本議題は設定された。

4．指導のねらい

　○　学級の一員としての自覚を高め、学級に対する所属感や連帯感を深める。

　○　互いのよさを認め、支え合いながら協働して実践する態度を育む。

5．評価の観点と本実践における評価規準

　本実践における話合い活動の評価の観点と評価規準を次に示す。

話合い活動の評価規準（例）

中学校1年　　学級活動（1）ウ

議題「みんなが楽しく参加できる百人一首の計画を立てよう」

観点	知識及び理解	思考、判断、表現等	主体的に取り組む態度
評価規準	みんなが楽しく参加できる集団活動の意義を理解し、活動を行う上で必要となる話合い活動や合意形成の方法を身に付ける。	いろいろな意見を理解し、学級生活の向上を目指して、課題の解決のために話し合い、合意形成を図ることができる。	学級内の多様な集団や活動に参加し、問題を主体的に解決することを通して、よりよい生活づくりができる。

（※）上表の評価規準に基づいた評価を行うとともに、特別活動で育む資質・能力等を育成する視点や方策をもたなければならない。

6．展開の過程

（1）　事前の指導と生徒の活動

期日	活動の場	活動の内容	指導上の留意点 ※評価の観点（評価方法）	資料等
9月〇日	放課後	○学級生活アンケートづくり	・学級生活の問題を把握できる内容にすることができたか。 ※思考力、判断力、表現力等（観察）	・画用紙 ・印刷用紙
9月〇日	朝の会	○アンケート実施		・アンケート用紙
9月〇日	放課後	○アンケート調査を集計し課題を選定する。 ○提案理由に基づき、活動計画を立て、話合いの柱を検討する。	・生徒の思いを聞きながら、本時の流れを検討し活動の見通しをもてるようにする。 ・話合いが深まるよう自主的に準備を進める。 ※主体的に取り組む態度（観察）	・学級活動記録ノート

(2)　本時の指導と生徒の活動

ア．本時のねらい

　　○　体育祭に向けた学級の取り組みに関心をもち、互いの考えを尊重し、合意形成を図る。

　　○　学級の一員としての自覚を深め、体育祭に向けての活動意欲を高める。

イ．展　開

	活動の内容	指導上の留意点 ※評価の観点（評価方法）	資料等
活動の開始	1. 開会の言葉 2. 学級活動委員の紹介 3. 議題の発表・確認 4. 提案理由の説明	○学級活動委員会で検討された経過を示し本活動の概要を全員に説明する。 ○提案理由を理解し、学級への所属感を深める意義を理解することができる。 ※知識及び技能（観察）	・学級活動記録ノート
	[提案理由]　1学期の私たちのクラスは、ある程度まとまっていましたが「学級生活アンケート」実施の結果、時々、けんかやトラブルが起こり、迷惑している友だちが居ることを知りました。お互いのよさをまだ十分に理解していないことが原因だと思います。そこで、初めての体育祭を成功させる取り組みを通して、お互いを認め合い、団結して練習し、クラスの絆を一層深めたいと思い、提案しました。		
	5. 教師の話		
活動の展開	6. 話合い (1)　学年種目を成功させるためのクラスの作戦を立てよう。 (2)　役割分担を決めよう	○昨日からの練習を踏まえて、様々な角度から考えられるようにする。 ※思考力、判断力、表現力等（観察） ○周囲と考えたり、意見をしっかり聞き取り、積極的に取り組んだりできる。 ※主体的に取り組む態度（観察） ○必要に応じて、積極的に助言を加える。 ○学級の一員として、種目に合った役割を考えることができるようにする。 ※思考力、判断力、表現力等 （観察、学級活動カード）	・学級活動カード

| 活動のまとめ | 7. 決定事項の確認
8. 自己評価・感想記入

9. 教師の話

10. 閉会の言葉 | ○体育祭を全員で協力して取り組んだことを助言する。
※主体的に取り組む態度
（振り返りカード）
○話合いの流れを方向付けた発言や学級活動委員の活動などを称賛する。また実践へ向けて活動意欲を高めることができるように助言する。 | ・振り返りカード |

(3) 事後の指導と生徒の活動

期日	活動の場	活動の内容	指導上の留意点 ※評価の観点（評価方法）
9月 ○日	学級活動	○体育祭の成果と課題を明らかにし、今後の学校生活について考える。	・生徒の活動について具体例を示して称賛する。 ・体育祭の協力・団結により、友達との絆が深くなったことを理解することができる。 ※知識及び技能（振り返りカード）

中学校　学級活動（話合い活動）

高等学校　　ホームルーム活動学習指導案 (例)

ホームルーム活動 (3)「適応と成長及び健康安全」
ホームルーム活動学習指導案

第3学年〇組

指導者　教諭　　〇〇　　〇〇

1．日　　時　　　〇年〇月〇日 ( ) 時限
2．題　　材　　　「進路選択について意見交換をしよう」
3．生徒の実態と題材選定の理由

(1) 生徒の実態

　　　第3学年の2学期後半に入り、本学級の生徒は学習や諸活動に対しては、全体的に意欲的に取り組めるようになっている。この時期、多くの生徒が卒業後の方向性に向けているときでもあるが、進路については、いろいろな悩みや不安をもっている。　（以下、略）

(2) 題材設定の理由

　　　進路指導の傾向は、上級学校の選択に重点がおかれ、個別指導になることが多くなる。しかし、現在では、「人間としての生き方」の観点での指導が大切となっている。このことは、新学習指導要領において、「望ましい職業観・勤労観の確立」や「主体的な進路の決定と将来設計」の指導をホームルーム活動で実施することが明記されていることや、21世紀における資質・能力の育成としてキャリア形成が取り上げられていることからも理解できる。

　　　そこで、本学級の生徒の進路への悩みや不安の解消を図ることや、これからの人生に希望をもって生きていくための支えとなる力を身に付けさせたいと考えて、本題材を設定した。

4．指導のねらい

　〇　自己の進路希望を出し合い、互いに進路計画の参考にする。

　〇　これからの人生に希望をもって生きぬくことへの理解を深める。

５．評価の観点と本実践における評価規準

観点	知識及び技能	思考力、判断力、表現力等	主体的に取り組む態度
評価規準	よりよく生きることや、自己実現を図ることを理解し、それに向けての知識や情報を入れて考えることができる。	社会の一員としてよりよく生きることや、自己実現を図ることの大切さを多様な意見から考え、自らの生活に生かそうとしている。	進路についての悩みや不安に関心をもち、互いに意見発表し、その解消を目指し、自主的、自立的に取り組もうとしている。

６．展開の過程

（1）　事前の指導と生徒の活動

期日	活動の場	活動の内容	指導上の留意点 ※評価の観点（評価方法）	資料等
11月 ○日	朝の会	○フリーターやニートについて考える。	・働くことの意義について理解できるようにする。 ※知識及び技能（観察）	・フリーターやニート急増のグラフ
11月 ○日	ホームルーム活動	○ワークシートに「私の歩み」を記入する。	・これまでの自己の歩みに関心をもち、今後の在り方・生き方や進路計画に資することができるようにする。 ※思考力、判断力、表現力等（観察・ホームルーム活動カード）	・ワークシート「私の歩み」

(2)　本時の指導と生徒の活動

ア．本時のねらい

○　子どもの頃の夢を振り返り、将来の職業を考えることができる。

イ．展　開

	活動の内容	指導上の留意点 ※評価の観点（評価方法）	資料等
活動の開始	1.　グループごとに着席する。 2.　本時のねらいについて理解する。	○前時に作成したワークシート「私の歩み」を振り返り、本時のねらいについて理解することができるようにする。 ※知識及び技能（観察）	
活動の展開	3.　「私の歩み」をグループ内で回し、各自、作成者に応援メッセージを記入する。 4.　友だちの応援メッセージを読み、感想を記入する。 5.　感想を発表する。	○応援メッセージを記入することで、他者理解を深めるとともに、自己の進路を考えることができたかを助言する。 ※思考力、判断力、表現力等（観察・ワークシート） ○将来に向け、「夢」を大切にし、前向きな生き方の考えをもつことができるようにする。 ※思考力、判断力、表現力等（ワークシート） ○感想を聞き、進路への関心を高め前向きな姿勢をもつことができるようにする。 ※主体的に取り組む態度（観察）	・ワークシート「私の歩み」
活動のまとめ	6.　自己評価・感想記入 7.　担任の話	○自己理解を深め、進路への関心を高め、前向きに生きることを助言する。 ※主体的に取り組む態度（観察） ○希望をもって前向きに取り組むことを助言する。	・振り返りカード

(3) 事後の指導と生徒の活動

期日	活動の場	活動の内容	指導上の留意点 ※評価の観点（評価方法）
11月○日	放課後	○全員のワークシートを掲示し、目の前の進路を考える。	・各自の進路計画について、再確認や見直しを行うことができるようにする。 ※主体的に取り組む態度（観察）

(3) 係活動

　学級の係活動は、学級活動・ホームルーム活動の「(1) 学級や学校における生活づくり　イ　学級内の組織づくりや役割の自覚」に位置付けられている。学級集団が生き生きと活動し、機能していくためには、その集団の成員である生徒が互いに役割を分担し、自己の役割に対する責任と喜びを感じ、さまざまな創意工夫を行うことが必要であり、その最適な場が係活動である。

　生徒は、集団の一員として学級の生活づくりに参画することによって、有意義な学級生活を経験できる。その過程において、集団への帰属意識を高め、協力、親和、責任、友情、自主性、自己有用感などを実践の中から体得し、学級生活の向上や学級文化の創造を図ることができる。

　なお、係活動は新学習指導要領では、「実践力」を構成する自律的活動力のキャリアを設計する力、人間関係形成力の共同・協働、役割と責任、社会参画力の勤労等と関連させており、係活動は以前にもまして教育的意義の深い活動になっていることに留意したい。

表3-7　中学校・高等学校における主な係の設置（例）

図書、新聞、掲示、広報、集会、保健、環境、文化、生活

［自主的に取り組める係活動の工夫］

- ○　学級生活を豊かにし、かつ自らの興味・関心を生かせ、自主的、実践的に活動のできる係を決める。
- ○　生徒一人一人のよさが生かせるような組織づくりを大切にする。
- ○　リーダーの育成に努め、係活動の活性化を図る。リーダーは特定の生徒に限らず、多くの生徒にリーダーの役割を与えそれぞれのリーダー性を養う。
- ○　活動できる時間や用具を確保する。

［マンネリ化・停滞化した係活動の指導］

　創意工夫のある充実した係活動は、生徒たちの好ましい人間関係を育み、学級生活の向上、学級文化の創造につながる。しかし、係活動の意義や方法等を十分に理解しないままに係の仕事をしていると、マンネリ化・停滞化となり、係活動は機能しなくなる。

　そのような状況になる前に、教師は生徒たちに対して、以下に示すような指導助言が必要である。

- ○　自らの仕事が学級のみんなの役に立っていることを理解できるようにし、係活動パワーアップの情報入手を促す。
- ○　生徒のやる気を引き出す組織や活動方法、内容等について、見直しを行うことができるように促す。
- ○　学級生活への貢献度が分かる方法を話し合わせ、自己有用感をもつことができるようにする。
- ○　定期的に活動の振り返りを行い、活動方法、内容、協力などを見直すことのできるように促す。

　なお、中学校学習指導要領解説特別活動編の学級活動「(3) 一人一人のキャリア形成と自己実現」の「イ　社会参画意識の醸成や職業観の形成」においては、「社会の一員として自覚や責任をもち、社会生活

を営む上で必要なマナーやルール、働くことや社会に貢献することについて考えて行動すること」[12]と明示されており、係活動や当番活動は、キャリア教育の要となる勤労観・職業観を養うことができる。

［係活動と当番活動の相違点］

　学級内には、係活動以外に当番活動があり、双方の相違点を踏まえた指導に留意しなければならない。

　係活動は、「学級生活を向上発展させるための活動」であり、教育課程上、学級活動に位置付けられている。

　当番活動は、「学級生活の円滑な運営を目指す活動」であり、教育活動には位置付けされていないが、学級経営上不可欠な活動である。例えば、日直、清掃当番、給食当番などであり、生徒全員が「しなくてはならないこと」に取り組む活動である。

(4) 集会活動

　集会活動は、学級活動・ホームルーム活動の「(1) 学級や学校における生活づくり　ウ　学校における多様な集団の生活の向上」に位置付けられており、集会活動は生徒が学級の形成者であると同時に、学校の形成者の一人でもあることを自覚し、学級や学年の枠を超えた多様な集団におけるよりよい人間関係を育てるために最も適した活動である。

　生徒たちには、学校内外いずれの集団においても、集団で取り組む課題を見いだして、目標を立て、その目標を達成するために、各自が責任を果たし、協力し合って集団の生活の向上を図ることが大切であることを理解できるようにしなければならない。そのため、集会活動は、指導のねらいを明確にし、計画的に取り組むことが大切である。

　21世紀における資質・能力の育成を目指している新学習指導要領における集会活動は、「実践力」を構成する自律的活動力の主体性、人

間関係形成力の他者理解・コミュニケーション、役割と責任、社会参
画力の規範意識等と関連させている。

表3-8　中学校・高等学校の学級における主な集会活動（例）

［文化的な学級集会］
　○　発表・制作・調査等の活動、学校・学年、生徒会活動の文化的な行事・
　　活動への参加や協力、生徒総会の議事を取り上げた討議、生徒相互の体
　　験発表、上級生などの経験等を活用したガイダンス、地域やボランティ
　　アの人々との交流会
［運動的な学級集会］
　○　運動的な活動、学校行事の体育的な行事・活動への参加
［レクリエーション的な学級集会］
　○　球技や室内レクリエーション等の活動

［自主的に取り組める学級集会活動の工夫］
○　集会活動の意義について共通理解を図り、実施後の自己・相互評
　　価を次回に生かすことができるようにし、その場限りの集会に終わ
　　ることのないようにする。
○　集会の内容にあった組織をつくり、連絡調整を密にする。
○　生徒一人一人に役割があり、個性・特性や願いを大切にする。
○　準備、練習、後片付けのための時間を十分にとり、生徒相互の協
　　力や異年齢の交流が深まるようにする。

第3節　生徒会活動の目標・内容・指導

① 生徒会活動の目標

　生徒会の目標については、学習指導要領には、次のように示されて
いる。

表3-9　生徒会活動の目標[13)]

中学校	高等学校
異年齢の生徒同士で協力し、学校生活の充実と向上を図るための諸問題の解決に向けて、計画を立て役割を分担し、協力して運営することに自主的、実践的に取り組むことを通して、第1の目標に掲げる資質・能力を育成することを目指す。	異年齢の生徒同士で協力し、学校生活の充実と向上を図るための諸問題の解決に向けて、計画を立て役割を分担し、協力して運営することに自主的、実践的に取り組むことを通して、第1の目標に掲げる資質・能力を育成することを目指す。

　中・高等学校「生徒会活動」の目標は、小学校の児童会活動の目標と「児童」と「生徒」という主語が異なるだけで同様の内容となっている。つまり、初等教育と中等教育において発達の段階に応じて一貫した指導が求められていると考えてよい。

　生徒会活動の目標で、第1の目標に掲げる資質・能力を育成するために、例えば次の資質・能力を育成することが考えられる。

　○　生徒会やその中に置かれる委員会などの異年齢により構成される自治的組織における活動の意義について理解するとともに、その活動のために必要なことを理解し行動の仕方を身に付けるようにする。

　○　生徒会において、学校全体の生活をよりよくするための課題を見いだし、その解決のために話し合って、合意形成を図り、意思決定して、人間関係をよりよく形成できるようにする。

　○　自治的な集団における活動を通して身に付けたことを生かして、多様な他者と協働し、学校や地域社会における生活をよりよくしようとする態度を養う。

② 生徒会活動の内容

　改訂された中・高等学校学習指導要領の特別活動の目標の掲げた資質・能力を育成するために、学校の全生徒をもって組織する生徒会において、「(1) 生徒会の組織づくりと生徒会活動の計画や運営」は、これまでの「(2) 異年齢集団による交流」と「(3) 生徒の諸活動についての連絡調整」がまとめられた。そして、生徒が主体的に組織をつくり、計画や運営をして、学校生活の課題を見いだし解決するための話合いを行い、合意形成のプロセスを踏むという実践をすることとしている。社会生活での組織の運営における討議と妥当な合意形成の基礎を体験的に学習することとなる。キーワードは「話合い」と「合意形成」と考えている。

　次表に小・中学校学習指導要領における児童会と生徒会の内容について、校種間の比較を取り上げて示す。

高等学校　生徒会活動（放送委員会）

表3-10　小学校の児童会活動と中学校の生徒会活動の内容[14]

小学校	中学校
1の資質・能力を育成するため、学校の全児童をもって組織する児童会において、次の各活動を通して、それぞれの活動の意義及び活動を行う上で必要となることについて理解し、主体的に考えて実践できるよう指導する。	1の資質・能力を育成するため、学校の全生徒をもって組織する生徒会において、次の各活動を通して、それぞれの活動の意義及び活動を行う上で必要となることについて理解し、主体的に考えて実践できるよう指導する。
(1) 児童会の組織づくりと児童会活動の計画や運営 　児童が主体的に組織をつくり、役割を分担し、計画を立て、学校生活の課題を見いだし解決するために話し合い、合意形成を図り実践すること。	(1) 生徒会の組織づくりと生徒会活動の計画や運営 　生徒が主体的に組織をつくり、役割を分担し、計画を立て、学校生活の課題を見いだし解決するために話し合い、合意形成を図り実践すること。
(2) 異年齢集団による交流 　児童会が計画や運営を行う集会等の活動において、学年や学級が異なる児童と共に楽しく触れ合い、交流を図ること。	(2) 学校行事への協力 　学校行事の特質に応じて、生徒会の組織を活用して、計画の一部を担当したり、運営に主体的に協力したりすること。
(3) 学校行事への協力 　学校行事の特質に応じて、児童会の組織を活用して、計画の一部を担当したり、運営に協力したりすること。	(3) ボランティア活動などの社会参画 　地域や社会の課題を見いだし、具体的な対策を考え、実践し、地域や社会に参画できるようにすること。
3　内容の取扱い (1) 児童会の計画や運営は、主として高学年の児童が行うこと。その際、学校の全児童が主体的に参加できるものとなるよう配慮すること。	

　小学校と中学校では、内容の前文と内容の(1)までは「児童」と「生徒」、「児童会」と「生徒会」と用語が異なるが、内容の方向性は同じである。
　なお、今回の学習指導要領の改訂では、生徒会活動の内容は大きく変

わることはないが、示し方で変更のあった部分は、改訂前の「(1) 生徒会の計画や運営」が「(1) 生徒会の組織づくりと生徒会活動の計画や運営」となり、生徒が主体的に生徒会の組織をつくることが明示された。

③ 生徒会活動の指導

　生徒会活動の指導に当たっては、まず、学級における生活を基本にするため、当然、学級活動が班活動等を通して集団生活が正常に営まれていることが条件となる。例えば、学級で話し合ったことを生徒会活動である生徒評議会で協議し、学級活動と生徒評議会がキャッチボールを基本に相互主体的な活動を創り出す。つまり、生徒会という組織を通して役割を自覚し、課題を見いだし、解決するために話し合い、合意形成を図り実践することに生徒一人一人が主体的に参画する組織的で自治的な活動となるような指導にすることが必要である。

　以下に、合意形成に向けた話し合いのルールの例を示す。

表3-11　合意形成に向けた話合いのルール（例）

①　だれにも自分の意見を言うことをじゃまされない。
②　自分の意見は理由を必ず付けて言う。
③　他人の意見にははっきり賛成か反対かの態度を表明する。その際、理由をはっきり言う。
④　理由が納得できたらその意見は正しいと認める。
⑤　意見を変えてもよい。ただし、理由を言うこと。
⑥　みんなが納得できる理由をもつ意見は、みんなで同意することを理解する。

　以上の例では、合意形成に至ればよいが、至らなかったとしても、合意に向けた話合いのプロセスに意義がある。筆者も学級集団が形成された後にその集団で合意形成を図った内容は、生徒相互が主体的に合意内

容に従って学校生活を送った経験がある。また、生徒同士は普段話をしない同年代の生徒に対しても、その生徒が納得のいく理由を述べる姿を見て感銘を受けていたこともあり、筆者は学級集団における話合いの意義、有用性を改めて感じさせられた。

［生徒会活動の指導計画の作成］

生徒会活動の指導計画の作成について、下記に示す。

表3-12　生徒会活動の指導計画の作成[15]

(1)　学校の創意工夫を生かすとともに、学校の実態や生徒の発達の段階などを考慮し、生徒による自主的、実践的な活動が助長されるようにする。
(2)　内容相互及び各教科、道徳科及び総合的な学習の時間などの指導との関連を図る。
(3)　家庭や地域の人々との連携、社会教育施設等の活用などを工夫する。
(4)　生徒指導との関連を図る。
(5)　年間指導計画の作成
　　年間指導計画に示す内容としては、次のことが考えられる。
　　・学校における生徒会活動の目標　・生徒会の組織と構成　・活動時間の設定　・年間に予想される主な活動　・活動場所　・活動に必要な備品、消耗品　・指導上の留意点　・生徒会役員会、各委員会を指導する教職員の指導体制　・評価など
(6)　生徒会の組織
　　生徒会の組織は各学校の実情によって編成されるので、その名称や内容については学校により違いがあるが、一般的には、「生徒総会」及び「生徒評議会」、「生徒会役員会（生徒会執行部）、「各種の委員会（常設の委員会や特別に組織される実行委員会など）」などの組織から成り立っている場合が多い。
・「**生徒総会**」は、全校の生徒による生徒会の最高審議機関であり、年間の活動計画の決定、年間の活動結果の報告や承認、生徒会規約の改正など、全生徒の参加の下に、生徒会としての基本的な事項についての審議を行う。
・「**生徒評議会**」は、生徒総会に次ぐ審議機関として、生徒会に提出する審議、学級や各種の委員会から出される諸問題の解決、学級活動や部活動などに関する連絡調整など、生徒会活動に関する種々の計画やその実施の審議に当たる。

・「**生徒会役員会**」は、年間の活動の企画・計画の作成、審議を必要とする議題の提出、各種の委員会の招集など、生徒会全体の運営や執行に当たる。また、学校の生徒を代表する組織として、様々な取り組みの推進的な役割を担ったり、学校の良さや特徴などの情報を学校外に発信するなどの役割を担ったりする。

・「**各種の委員会**」は、例えば、健康・安全や学校給食に関する委員会、ボランティアに関する委員会、環境美化に関する委員会、さらに合唱祭などの実行委員会など、学校の実情や伝統によって種々設けられ、生徒会活動における実践活動の推進の役割を担っている。

(7)　生徒会活動に充てる授業時数

　　特別活動の授業のうち、生徒会活動及び学校行事については、それらの内容に応じ、年間、学期ごと、月ごとなどに適切な授業時数を充てるものとする。

　　各委員会の話合いの時間は、定期的に放課後や昼休み等に設定し、生徒会活動の活性化を図る取り組みが重要である。

※　**高等学校においては、上記以外に次の内容が示されている。**

○　ボランティア活動などの体験的な活動を充実する。

○　生徒会活動に充てる授業時数

［生徒会の組織］　（例）

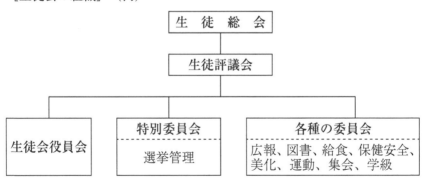

図3-3　生徒会の組織（例）

次に中学校における生徒会活動の年間指導計画を示す。

表3-13　生徒会活動　年間指導計画　（例）　　　　　○○中学校

重点目標	生徒会活動を通して、異年齢の生徒がよりよい学校生活づくりを計画し、協力して諸問題を解決しようとする自主的、実践的な態度を育てる。	
4	○入学式 ○離任式 ○新入生歓迎会（1） ○部活動の紹介（1）	・中学生としての自覚と希望をもつ。 ・離任教職員への感謝の念をもつ。 ・新入生に対して、歓迎の気持ちを表す。 ・趣味・特技を生かし、能力・適性を伸長する。	・歓迎の言葉 ・感謝の言葉、花束、合唱 ・歓迎の言葉、校歌紹介、ゲーム、歓迎カード配付 ・組織・活動内容等の紹介
5	○前期生徒会役員選挙（1.5） ○生徒会総会（1） ○委員会活動（1）	・選挙を通して、生徒会活動の意義・組織・活動等を理解し、自主的な参画を促す。 ・生徒会を自主的に運営する。 ・前期、委員会活動の立案を通して自主的な活動を促す。	・選挙管理委員選出、公示・告示、候補者の推薦、ポスター掲示、巡回演説、立会演説会、投票・開票、結果報告、認証式 ・役員紹介・挨拶、活動方針、各種委員会の計画、予算案提案、質疑応答 ・前期活動計画の立案、活動内容・役割等の確認
6	○体育祭への協力	・責任をもって係の役割を果たす。	・関連委員会の役割内容・分担の確認、当日の活動
7	○球技大会（2）	・自主的な活動により責任を果たし、楽しい球技大会にする。	・計画立案、運営委員選出、種目・ルールの決定、運営
9	○文化祭（4）	・責任をもって係の役割を果たす。	・関連委員会の役割内容・分担の確認、当日の活動
10	○後期生徒会役員選挙（1）	・選挙を通して、学校生活の向上を目指し、自主的な運営や活動を促す。	・選挙管理委員選出、公示・告示、候補者の推薦、ポスター掲示、巡回演説、立会演説会、投票・開票、結果報告、認証式
11	○委員会活動（1）	・前期の活動を生かして後期の計画を立案し、自主的な活動を促す。	・後期活動計画の立案、活動内容・役割等の確認
12			

1	○小・中交流会 (1)	・小学生に対して思いやりの態度を表し、異年齢交流を深める。	・挨拶、中学校生活の説明、ゲーム、アンケート実施
2	○生徒総会　(1)	・1年間のまとめを行い、発展的活動を促す。	・行事報告、決算報告、次年度の方針
3	○卒業を祝う会 (1)	・卒業生に感謝の気持ちをもつ。	・別れの言葉、在校生歌等発表、プレゼント贈呈 ・胸リボン、送辞
	○卒業式	・卒業生に敬愛の念をもち、前途を祝う。	
他の教育活動との関連		生徒会活動は、他の教育活動の学習の成果を生かし、活動方針や計画等に当たっていくことが大切である。そのため各教科、道徳、総合的な学習の時間等との関連も図り、活動のねらいを明確にしたり、活動する内容に広がりをもたせたりすることが大切である。	
育む資質・能力		○「知識及び技能」、「思考力、判断力、表現力等」、「学びに向かう力、人間性等」	
評価規準の観点		○「知識及び理解」、「思考力、判断力、表現力等」、「主体的に取り組む態度」	

中学校　生徒会活動（1年生歓迎会）

第4節　学校行事の目標・内容・指導

　学校行事の中で行われる生徒の活動は、各教科、道徳、外国語、総合的な学習・探究の時間、さらに学級活動・ホームルーム活動、生徒会活動と比較すると、次のような特色をもっている。
- 　学級の枠を超えた大きな集団による実践活動であり、幅広い人間関係を築ける場である。
- 　教科の枠にとらわれずに日常の学習の成果を発展させる総合的で体験的な活動である。
- 　学校生活に折り目と変化を付け、リズムを与える非日常的な活動である。

　以上の特色をもっている学校行事の目標・内容や指導については、次の通りである。

高等学校　学校行事（卒業式）

1 学校行事の目標・内容

表3-14　中学校・高等学校の学校行事の目標・内容等 [16)]

中学校	高等学校
[目標]　全校又は学年の生徒で協力し、よりよい学校生活を築くための体験的な活動を通して、集団への所属感や連帯感を深め、公共の精神を養いながら、第1の目標に掲げる資質・能力を育成することを目指す。	[目標]　全校若しくは学年又はそれらに準ずる集団で協力し、よりよい学校生活を築くための体験的な活動を通して、集団への所属感や連帯感を深め、公共の精神を養いながら、第1の目標に掲げる資質・能力を育成することを目指す。
[内容]　1の資質・能力を育成するため、全ての学年において、全校又は学年を単位として、次の各行事において、学校生活に秩序と変化を与え、学校生活の充実と発展に資する体験的な活動を行うことを通して、それぞれの学校行事の意義及び活動を行う上で必要となることについて理解し、主体的に考えて実践できるように指導する。	[内容]　1の資質・能力を育成するため、全校若しくは学年又はそれらに準ずる集団を単位として、次の各行事において、学校生活に秩序と変化を与え、学校生活の充実と発展に資する体験的な活動を行うことを通して、それぞれの学校行事の意義及び活動を行う上で必要となることについて理解し、主体的に考えて実践できるように指導する。
(1) 儀式的行事 [ねらい]　学校生活に有意義な変化や折り目を付け、厳粛で清新な気分を味わい、新しい生活の展開への動機付けとなるようにすること。 [行事名]　入学式、卒業証書授与式、始業式、終業式、修了式、立志式、開校記念に関する儀式、着任式、離任式など	(1) 儀式的行事 [ねらい]　学校生活に有意義な変化や折り目を付け、厳粛で清新な気分を味わい、新しい生活の展開への動機付けとなるようにすること。 [行事名]　入学式、卒業証書授与式、始業式、終業式、修了式、立志式、開校記念に関する儀式、着任式、離任式など
(2) 文化的行事 [ねらい]　平素の学習活動の成果を発表し、自己の向上の意欲を一層高めたり、文化や芸術に親しんだりするようにすること。	(2) 文化的行事 [ねらい]　平素の学習活動の成果を発表し、自己の向上の意欲を一層高めたり、文化や芸術に親しんだりするようにすること。

153

［行事名］　文化祭、学習発表会、音楽会（合唱コンクール）、作品発表会、音楽鑑賞会、映画や演劇の鑑賞会、伝統芸能等の鑑賞会や講演会など

(3) 健康安全・体育的行事
［ねらい］　心身の健全な発達や健康の保持増進、事件や事故、災害等から身を守る安全な行動や規律ある集団行動の体得、運動に親しむ態度の育成、責任感や連帯感の涵養、体力の向上などに資するようにすること。
［行事名］　健康診断、薬物乱用防止指導、防犯指導、交通安全指導、避難訓練や防災訓練、健康・安全や給食に関する意識や実践意欲を高める行事、体育大会、競技会、球技大会

(4) 旅行・集団宿泊的行事
［ねらい］　平素と異なる生活環境にあって、見聞を広め、自然や文化などに親しむとともに、よりよい人間関係を築くなどの集団生活の在り方や公衆道徳などについての体験を積むことができるようにすること。
［行事名］　遠足、修学旅行、移動教室、集団宿泊（一泊移住）、野外活動、臨海学校、林間学校など

(5) 勤労生産・奉仕的行事
［ねらい］　勤労の尊さや生産の喜びを体得し、職場体験活動などの勤労観・職業観に関わる啓発的な体験が得られるようにするとともに、共に助け合って生きることの喜びを体得し、ボランティア活動などの社会奉仕の精神を養う体験が得られるようにすること。

［行事名］　文化祭、学習発表会、音楽会（合唱コンクール）、作品発表会、音楽鑑賞会、映画や演劇の鑑賞会、伝統芸能等の鑑賞会や講演会など

(3) 健康安全・体育的行事
［ねらい］　心身の健全な発達や健康の保持増進、事件や事故、災害等から身を守る安全な行動や規律ある集団行動の体得、運動に親しむ態度の育成、責任感や連帯感の涵養、体力の向上などに資するようにすること。
［行事名］　健康診断、薬物乱用防止指導、防犯指導、交通安全指導、避難訓練や防災訓練、健康・安全や給食に関する意識や実践意欲を高める行事、体育大会、競技会、球技大会

(4) 旅行・集団宿泊的行事
［ねらい］　平素と異なる生活環境にあって、見聞を広め、自然や文化などに親しむとともに、よりよい人間関係を築くなどの集団生活の在り方や公衆道徳などについての望ましい体験を積むことができるようにすること。
［行事名］　遠足、修学旅行、移動教室、集団宿泊（一泊移住）、野外活動、臨海学校、林間学校など

(5) 勤労生産・奉仕的行事
［ねらい］　勤労の尊さや創造することの喜びを体得し、就業体験活動などの勤労観・職業観の形成や進路の選択決定などに資する体験が得られるようにするとともに、共に助け合って生きることの喜びを体得し、ボランティア活動などの社会奉仕の精神を養う体験が得られるようにすること。

［行事名］　就業体験（仕事体験学習、職業体験学習）、各種の生産活動、高等学校や専門学校・就職希望先の訪問・見学（進路体験学習、オープンスクール体験、インターシップ）、全校美化の行事、紙パック回収活動、地域社会への協力や学校内外のボランティア活動など	［行事名］　就業体験（仕事体験学習、職業体験学習）、各種の生産活動、専門学校・大学・就職希望先の訪問・見学（進路体験学習、オープンスクール体験、インターシップ）、全校美化の行事、紙パック回収活動、地域社会への協力や学校内外のボランティア活動など

　今回の学習指導要領の改訂では、学校行事の5種類の内容の変更は無く、全ての学年が取り組む活動として、各学校の創意工夫が求められている。

② 学校行事の指導

　学校行事の指導は、全教職員の共通理解の下に作成された指導計画に基づいて行われる。学校行事の指導計画について、以下、学習指導要領解説特別活動編よりその概要を示す。

表3-15　学校行事の指導計画[17]

(1)　学校の創意工夫を生かすとともに、学校の実態や生徒の発達の段階などを考慮し、生徒による自主的、実践的な活動が助長されるようにする
(2)　内容相互及び各教科、道徳科（各教科・科目）及び総合的な学習（探究）の時間などの指導との関連を図る
(3)　家庭や地域の人々との連携、社会教育施設等の活用などを工夫する
(4)　生徒指導の機能を生かす
(5)　年間指導計画の作成
(6)　学校行事に充てる授業時数 　　生徒会活動及び学校行事については、それらの内容に応じ（学校の実態に応じて）、年間、学期ごと、月ごとなどに（それぞれ）適切な授業時数を充てるものとする 　　　　　　　　　　　　　　※下線部：中学校、（　　）：高等学校

次に中学校における学校行事の年間指導計画を示す。

表3-16　学校行事　年間指導計画（例）　　　　　　　　○○中学校

重点目標	全校又は学年の生徒で協力し、よりよい学校生活を築くための体験的な活動を通して、集団への所属感や連帯感を深め、公共の精神を養いながら、第1の目標に掲げる資質・能力を育成することを目指す。
学校行事の内容	(1)　儀式的行事 　・始業式、入学式、離任式、卒業式、終業式、修了式、朝会等 (2)　文化的行事 　・作品展、弁論大会、文化祭、音楽鑑賞会等 (3)　健康安全・体育的行事 　・健康診断、体力測定、避難訓練、保健講話、薬物乱用防止指導、体育祭、スポーツテスト等 (4)　旅行・集団宿泊的行事 　・遠足、野外活動、修学旅行等 (5)　勤労生産・奉仕的行事 　・全校清掃活動、職場体験、ボランティア活動等
指導上の留意点	・学校の創意工夫を生かし、学級や学校の実態や生徒の発達などを考慮する。 ・生徒による自主的、実践的な活動を助長する。 ・話合い活動や合意形成を図る体験を実践する。 ・道徳科や総合的な学習の時間、他の教育活動と関連を図るとともに生徒指導の機能を生かす。 ・家庭や地域の人々との連携、社会教育施設等の活用などを工夫する。

月	学校行事の内容・時数
4	2・3年始業式 (2/3)、入学式 (1)、2・3年始業式 (2/3)、離任式 (0.5)、1・2年遠足 (6)、健康診断 (2)、身体計測 (0.5)、全校清掃活動 (2/3)
5	体力測定 (1)、1・2年野外活動 (13)、避難訓練 (1/3)、2年職場体験 (7)
6	体育祭 (9)、3年修学旅行 (20)、地域公園清掃 (1)、保健講話 (1)
7	終業式 (1/3)、薬物乱用防止指導 (1)
9	始業式 (1/3)、全校清掃活動 (2/3)、健康診断 (0.5)、作品展 (1)
10	弁論大会 (2)、避難訓練 (1/3)、スポーツテスト (1)
11	文化祭 (4)、3年上級学校訪問 (4)、ボランティア活動 (2)
12	終業式 (2/3)

1	始業式 (1/3)、耐寒マラソン大会 (3)、避難訓練 (1/3)、全校清掃活動 (2/3)
2	音楽鑑賞会 (1)、3年卒業遠足 (6)
3	2・3年卒業式 (2)、1・2年修了式 (1/3)
育む資質・能力	○　「知識及び技能」、「思考力、判断力、表現力等」、「学びに向かう力、人間性等」
評価規準の観点	○　「知識及び技能」、「思考力、判断力、表現力等」、「主体的に取り組む態度」

中学校　学校行事（体育祭）

儀式的行事「卒業証書授与式」の式次第

○　ねらい

卒業証書授与式を通して、厳粛で清新な気分を味わい、卒業後の新しい生活への展開の動機付けを図るとともに、卒業生の前途を祝福する。

表3-17　卒業証書授与式の式次第（例）

1.　開式の辞・・・・・・全員起立、礼、着席
2.　国歌斉唱・・・・・・全員起立、ピアノ伴奏に合わせて斉唱、着席
3.　校歌斉唱・・・・・・全員起立、校歌斉唱、着席
4.　学事報告・・・・・・副校長または教頭
5.　卒業証書授与・・・・校長が卒業証書を読み上げ、直接手渡す
6.　校長式辞・・・・・・校長として、卒業を祝う言葉
7.　来賓祝辞・・・・・・来賓・PTAの代表より卒業生へ祝辞
8.　在校生送辞・・・・・在校生の代表が卒業生に送る言葉
9.　卒業生答辞・・・・・卒業生の代表が在校生の送辞に答える言葉
10.　卒業生の歌・・・・・卒業生・在校生・職員起立、卒業の歌合唱、着席
11.　閉式の辞・・・・・・全員起立、礼、着席
（式後に、卒業生保護者代表より教職員への謝辞がある場合や運動場から正門にかけて花道をつくる場合がある。）

（所要時間　90分間前後）

高等学校　学校行事（修学旅行）

　充実した集団活動によって学校行事をバランスよく展開することにより、学校生活に秩序と変化を与え、集団への所属感を深め、生徒の心身の健全な発達を図ることが可能となり、生徒の資質・能力を伸長し、社会の形成者として必要とされる基本的な資質を養うことができるであろう。また、生徒の主体性や創造力を高め、21 世紀型社会を生き抜く力を育むことも可能である。

　そのためには、学校行事を組織的、系統的に計画し、確かな指導と評価を工夫し、家庭や地域の理解を得ることが大切である。

第 5 節　教育課程外の「部活動」

　中学校・高等学校における「部活動」は、小学校教育課程の特別活動に位置付けられている「クラブ活動」とは一線を画し、希望者の生徒によって組織された教育課程外の集団活動である。その活動は、放課後や休日の活動となり、そこでは、生徒たちが青春のエネルギーを発散し、同好の仲間とともに部活動を楽しみ、自主性、協調性、個性、リーダーシップなど、主に人間関係形成力を培っている。

　部活動に対する生徒や保護者の関心は極めて高く、その期待に応えられるよう部活動の在り方の見直しが進む現状にある。平成 27 年 12 月の中教審答申「チーム学校としての学校の在り方と今後の改善方策について」において、教員の多忙化や休日出勤が問題となった。その後、学校教育法施行規則第 78 条の 2 を省令で新設して、「部活動指導員は、中学校におけるスポーツ、文化、科学等に関する教育活動（中学校の教育課程として行われるものを除く。）に係る技術的な指導に従事する。」と、「部活動指導員」が正式に位置付けられた。

　同規則は平成 29 年 4 月 1 日に施行された。その対象となる学校は、中

学校、義務教育学校の後期課程、高等学校、中等教育学校や特別支援学校の中学部・高等部としている。今後において部活動の指導体制は、「教員の働き方改革」と相まって検討が進むだろう。

　なお、部活動は教育課程外の活動であるが、平成20年、平成29年に告示された中学校学習指導要領の総則において、社会に開かれた教育課程の理念の下、学校と家庭、地域が、生徒にどのような資質・能力を育成することを目指すかという教育目標を共有しながら、各々の役割を認識し、共有した目標に向かって、共に活動する共同関係を築いていくことが示されている。

① 学習指導要領における部活動の位置付け

　「部活動」について、学習指導要領上の位置付けを確認すると、中学校・高等学校ともに、1989（平成元）年告示の学習指導要領改訂までは、特別活動の内容として週1回、「必修クラブ活動」として教育課程内に位置付けられていた。しかし、同年の学習指導要領改訂において、この「クラブ活動」は、時間割の中に組み込まなくても教育課程外活動の部活動をもって代替できることになり、はじめて「クラブ活動」と「部活動」の関連が示された。これによって、「部活動」は「クラブ活動」の代替措置とすることができるようになった反面、学校現場では混乱を招き、それぞれ独自の見解や誤解が生じた。

　その後、1998（平成10）年告示の中学校学習指導要領改訂、また、1999（平成11）年告示の高等学校学習指導要領において、「部活動」が一層適切に実施されることを前提として「必修クラブ活動」は廃止された。つまり、二つの類似していた活動は、30年近い歴史を終え教育課程外の部活動として一体化されたが、学習指導要領から部活動の記述がなくなり、法的になんら規定されることのない活動となった。そのため部活動の教育活動としての位置付けが曖昧になった。このことにより、部活動

は、学校から地域や社会教育へ移行するのではないかといった声が出始めた。しかし、部活動の意義や役割を重視し、生徒の人間形成などの面から見直す必要があるとの動きが生まれた。その結果、部活動は、2008年（平成20）年3月の中学校学習指導要領総則、また、翌年3月の高等学校学習指導要領総則において、法的に規定された。現行の中学校学習指導要領総則第5学校運営上の留意事項には、部活動については、次の内容で示されている。

表3-18　部活動の法的な規定[18]

> 　生徒の自主的、自発的な参加により行われる部活動については、スポーツや文化及び科学等に親しませ、学習意欲の向上や責任感、連帯感の涵養等、学校教育が目指す資質・能力の育成に資するものであり、学校教育の一環として、教育課程との関連が図られるよう留意すること。その際、地域や学校の実態に応じ、地域の人々の協力、社会教育施設や社会教育関係団体等の各種団体との連携などの運営上の工夫を行い、持続可能な運営体制が整えられるようにするものとする。

　この規定により、部活動は教育課程外の活動ながら学校教育の一環として教育課程に関連する事項として位置付けられたのである。つまり、教育活動の一環であると認知されたことは、部活動の教育的な意義が再確認されたことの現れであると解釈できる。

　しかし、学習指導要領に教育課程と部活動との関連が明記はされたが、法的・制度的には曖昧な面があり、部活動に対する軸足が定まっていない現状が学校現場に見られる。例えば、部活動は学習指導要領にきちんと位置付けられていないため、その指導は教員の職務か否かといった問題、正規の勤務時間を超える部活動指導は教員の校務分掌として位置付けることができにくい問題等もあり、喫緊の改善事項として挙げられている。

② 部活動の学校運営上の留意事項

部活動の学校運営上の留意事項として、2017（平成 29）年 3 月の中学校学習指導要領告示において、次の通りゴシック体の語句が追記され改められた。

表3-19　部活動の学校運営上の留意事項[19)]

> **ウ　教育課程外の学校教育活動と教育課程の関連が図られるように留意するものとする。**特に、生徒の自主的、自発的な参加により行われる部活動については、スポーツや文化及び科学等に親しませ、学習意欲の向上や責任感、連帯感の涵養等、**学校教育が目指す資質・能力の育成に資するもの**であり、学校教育の一環として、教育課程との関連が図られるよう留意すること。その際、地域や学校の実態に応じ、地域の人々の協力、社会教育施設や社会教育関係団体等の各種団体との連携などの運営上の工夫を行い、**持続可能な運営体制が整えられるようにするものとする。**

③ これからの部活動について

現在の部活動については、少子化問題、教員の働き方改革の提唱、他の教育に関わる諸問題の急増等を踏まえ、法的・制度的な条件整備を図る必要があり、部活動の地域移行が検討されている。

スポーツ庁では、運動部活動の地域移行に関する検討会議（令和 3 年 10 月）において、運動部活動の地域への移行を着実に実施するとともに、子供たちがそれぞれに適した環境でスポーツに親しめる社会を構築することを目的として、検討会議を設置した。

その後、2022（令和 4）年 12 月 27 日、永岡桂子文化相は記者会見で、公立中学校における休日の部活動の地域移行は、2023 年度から、段階的に取り組みを進めることを明らかにした。

したがって、これからの部活動は、地域、学校、競技種目等に応じた多

様な形で実施されることが予定されているが、それまでの期間は、現行通り教育活動の一環として学校の指導体制の下での指導は継続される。

表3-20　部活動の指導上の留意事項

1.　部活動の意義や留意事項の共通理解を図る。 2.　生徒が主人公の部活動であり、自主性、自治性を伸長する。 3.　適切な活動量にし、勉強と部活動の両立が図れるようにする。 4.　生徒も指導者も達成感のある活動にする。 5.　体罰・暴言の防止を徹底する。 6.　安全管理の徹底を図る。 7.　外部指導員の積極的な活用を図る。

引用文献

1)　文部科学省『中学校学習指導要領解説　特別活動編』東山書房　平成29年　p. 11、pp. 40-95
　　文部科学省『高等学校学習指導要領解説　特別活動編』東京書籍　平成30年　p. 11、pp. 40-88

2)　文部科学省『中学校学習指導要領解説　特別活動編』東山書房　平成29年　p. 42

3)　同上書　p. 44

4)　同上書　p. 113

5)　同上書　p. 116

6)　同上書　pp. 116-120

7)　同上書　pp. 37-38

8)　同上書　pp. 36-37

9)　同上書　p. 130

10)　同上書　p. 33

11)　同上書　pp. 40-62
　　文部科学省『高等学校学習指導要領解説　特別活動編』東京書籍　平成30年　pp. 40-58

12)　文部科学省『中学校学習指導要領解説　特別活動編』東山書房　平成29年　p. 45

13)　同上書　p. 74

文部科学省『高等学校学習指導要領解説　特別活動編』東京書籍　平成30年　p.70

14）文部科学省『小学校学習指導要領解説　特別活動編』東洋館出版社　平成29年　p.86
　　文部科学省『中学校学習指導要領解説　特別活動編』東山書房　平成29年　p.76
　　文部科学省『中学校学習指導要領解説　特別活動編』東山書房　pp.44-55

15）文部科学省『中学校学習指導要領解説　特別活動編』東山書房　平成29年　pp.81-86

16）同上書　pp.92-103
　　文部科学省『高等学校学習指導要領解説　特別活動編』東京書籍　平成30年　pp.86-95

17）文部科学省『中学校学習指導要領解説　特別活動編』東山書房　平成29年　pp.104-109

18）同上書　p.149

19）文部科学省『中学校学習指導要領』告示　東山書房　平成29年3月

参考文献

○　文部科学省『学級・学校生活を創る特別活動　中学校編』国立教育政策研究所　教育課程研究センター　平成26年

○　東京都立高等学校中堅校指導充実部会『授業研究ネットワーク資料』特別活動研修会　平成18年度

○　埼玉県特別活動研究会『特別活動の指導と評価』（特別活動研究集録第51集）　平成24年

○　文部科学省『中学校学習指導要領（平成20年3月告示、平成22年11月一部改正）』東山書房　平成20年

○　東洋館出版社編集部『平成29年版中学校新学習指導要領ポイント総整理』東洋館出版社　2017年

○　中園大三郎「学校行事と人間形成」、山口満・安井一郎編著『改訂新版特別活動と人間形成』学文社　2010年

高等学校　学校行事（大学訪問）

第4章

特別活動と
他の教育活動との関連

第１節　特別活動と学級経営・ホームルーム経営

　学級経営・ホームルーム経営とは.学校経営の基本方針の下に、学級を単位として、児童生徒の人間形成や成長発達が円滑かつ確実に進むように展開され、成果が上がるように諸条件を整備し運営していくことである。

　特別活動との関連は、小学校学習指導要領　第６章特別活動　第３の１の (3) には、次のように示されている。

表4-1　特別活動と学級経営

(3) 学級活動における児童の自発的、自治的な活動を中心として、各活動と学校行事を相互に関連付けながら、個々の児童についての理解を深め、教師と児童、児童相互の信頼関係を育み、学級経営の充実を図ること。その際、特に、いじめの未然防止等を含めた生徒指導との関連を図るようにすること。

　上記に示されている「学級活動における児童の自発的、自治的な活動」は、学級活動 (1) の活動形態に示された「話合い活動（学級会）」、「係活動」、「学級集会活動」を自分たちで考え、友だちと協力して実践する活動のことである。

　このような自発的、自治的な活動が学級経営・ホームルーム経営の充実に結びつくのは、活動を通して友だちとの心的な結びつきが強くなるからである。児童生徒たちは、話合いで決まったことを実践し、実践したことを振り返る活動を通して相互の「関わり」を深め、どの子も生かされる風土の学級が形成されていく。

　なお、学級経営・ホームルーム経営は、学校のすべての教育活動の基盤であり、教師と児童生徒の人間関係が最も密着した状況で展開される

教育活動である。そのため、学級担任は、児童生徒一人一人の自己実現を支援し、自己存在感や自己実現の喜びを実感できるように取り組まなければならないこと、また、なによりも学級担任は日頃から児童生徒に温かく寄り添い、児童生徒の気持ちを共感的に理解し、好ましい人間関係を育てることが求められる。

　以上の通り、特別活動は日常の学級経営・ホームルーム経営との間において、最も相互に影響し合える関係にある。

第2節　特別活動と各教科等との関連

① 特別活動と各教科及び外国語活動（小学校）[1]

　各教科が一定の組織された内容をもち、その内容を児童生徒が学習するという性格をもつのに対して、特別活動においては、各教科のように指導しなければならない組織化された一定の内容をもちにくいといった違いがあるが、むしろ特別活動においては、児童生徒の希望や選択によって、さまざまな活動の経験そのものが教科の内容に相当するものといえるであろう。このような各教科と特別活動の性格的な差異に基づいて、それぞれの教育活動が行われる場合、両者は関連し合いながら児童生徒の成長・発達に寄与することになり、各教科の学習で獲得した関心・意欲や知識及び技能などが、特別活動における集団活動の場で総合的に生かされ発揮される。また、集団活動で培われた児童生徒相互のよりよい人間関係や生活づくりが学級経営の充実につながり、各教科の「主体的・対話的な深い学び」が支えられるという、各教科の学習によい影響を与えることも多くみられる。各教科と特別活動は、互いに支え合い、高め合う関係にある。

　それぞれの関連の一例を、次に示す。

○　特別活動における話合い活動は、意見の異なる人と折り合いを付け

る、集団としての意見をまとめる、また、体験したことや調べたことをまとめたり発表したりする活動として展開されるため、言語力の育成や活用の場として重要な役割を果たしている。

○　国語科で身に付けた「話すこと・聞くことの能力」が、特別活動における「話合い活動」をより深め充実したものにしたり、よりよい生活や人間関係を築き合ったりするような実生活に生きて働く力となる。

○　学級活動・ホームルーム活動や児童会活動・生徒会活動などで行われる調査・統計・結果を効果的にまとめたり、説明したりするなどの基礎となる能力は、算数・数学科、理科、社会科などで培われるものである。

○　学校行事で取り上げられる学芸会、作品展、運動会・体育祭、遠足、修学旅行など各種の行事は、各教科の学習と深い関わりをもつものが多くある。

○　学校行事などにおける国旗及び国歌の指導については、社会科や音楽科などにおける指導と十分に関連を図り、成果を上げることが大切である。

○　外国語活動（小学校）との関連については、特別活動の教育的意義を踏まえたり、両者の特質を生かしたりして、結果として友だちとの関わりを大切にした体験的なコミュニケーション活動を一層効果的に展開できるようにしなければならない。

○　高等学校では、例えばロングホームルームを通して、「自分がどうしてこのような職業を選ぼうとしているのか」を他者と意見を交換し考える過程において、道徳教育の重要性を認識できるようにしていく。

　このように特別活動の各活動・学校行事の内容は、各教科や外国語活動の学習と深い関わりをもっている。また、特別活動で培われる協力的で、自発的かつ自主的な態度は平板に陥りがちな各教科等の学習を活性化させる効果もある。

② 特別活動と道徳教育

　現在、学校教育の課題は児童生徒に「生きる力」を育むことであり、この「生きる力」の根底となるものは「豊かな人間性」である。「豊かな人間性」の育成においては、小・中学校では「特別の教科　道徳」の授業がその中核となる。高等学校では道徳の時間は設けられていないが、教育活動全体を通じて道徳教育を推進していくこととされている。

　しかし、近年、道徳の授業の形骸化が指摘されていることや、2011（平成 23）年に起きた「いじめ」自殺事件（中学生）を契機として、政府の教育再生実行会議にて 2013（平成 25）年に道徳の教科化が提言された。翌年、文部科学大臣の諮問機関である「中央教育審議会」より「道徳に係る教育課程の改善等について」が答申された。そこでは、小・中学校における週 1 時間の「道徳の時間」が「特別の教科　道徳」として再編成されることとなり、検定教科書が導入される。小学校は 2018（平成 30）年度、中学校は 2019（平成 31）年度に全面実施された。

　「特別の教科　道徳」について、押谷由夫（昭和女子大学教授、元文部省教科調査官）は、「道徳は教科とのかかわりの中で指導が充実し、教科と離してしまえば本来の役割を果たすことができません。だから教科の枠内として考えます。（中略）だから、道徳は教科なのです。ただし、国語や算数や社会といった教科と横並びではなく、性格が違うから『特別な教科』としています。」[2)] と述べている。

　「特別の教科　道徳」は「特別な教科」として教科化し、教材を読むことを中心にした従来のスタイルから脱却し、問題解決や体験学習の手法等を新たに提示していることにある。そして、児童生徒が特定の見方に偏らず、多面的に考えられるようになることを目指している。

　改訂された道徳科においては、「豊かな人間教育の推進」、「社会的課題を自ら解決しようとする意欲や態度の育成」、「体験学習の推進」、「児童生徒に熟考や討議を促す指導法」などは、集団活動、体験活動を特質と

する特別活動の指導内容・方法に包含されているものもあり、双方には密接な関わりのあることを理解しなければならない。

　特別活動と道徳科との関連については、小学校学習指導要領第6章の第3の1の(6)、中学校学習指導要領第5章の第3の1の(5)では、「道徳科などとの関連を考慮しながら、第3章「特別の教科道徳」の第2に示す内容について、特別活動の特質に応じて適切な指導をすること。」と示されている。

　すなわち、「特別の教科　道徳」の「自己の生き方について考えを深める学習」との関連を図り、特別活動の実践活動を通して「自己の生き方についての考えを深め、自己実現を図ろうとする態度」を育てる必要がある。その際、実践活動や体験活動を通して、集団の一員としての望ましい認識をもてるようにする特別活動と、教材を活用して、多様な道徳的諸価値の内面化を図る道徳科の授業とは区別して指導する必要がある。

　今後、児童生徒たちに望ましい集団活動の体験や、自分の心や生活と向き合うことのできる時間である「道徳科」や特別活動をいかに充実させることができるか、21世紀の社会で生き抜く力を付けるためにも、それぞれの特質や指導方法などの違いを理解した上で、日常生活における道徳実践の指導の充実を図らなければならない。

［特別活動と道徳教育との具体的な関連］

○　特別活動における学級や学校生活における集団活動や体験的な活動は、日常生活における道徳的実践の指導を行う機会や場となり、道徳教育に果たす役割は大きい。
○　**学級活動・ホームルーム活動の指導計画の作成に当たっては**、学習指導要領「第3章「特別の教科　道徳の第2に示す内容」を踏まえて、作成することが望まれる。

- 　学級活動・ホームルーム活動 (1)「学級 (小・中学校) ホームルーム (高等学校) や学校の生活づくりへの参画」の内容では、児童生徒の自発的、自治的な活動であり、生活上の課題を見付け、協力してよりよく解決していく活動を通して、望ましい人間関係の形成やよりよい生活づくりに参画する態度などに関わる道徳性を身に付けることができる。
- 　学級活動・ホームルーム活動 (2)「日常の生活や学習への適応と自己の成長及び健康安全」(小・中・高等学校)、児童生徒が基本的な生活習慣の形成やよりよい人間関係の形成、心身の健康の保持増進に努め、豊かな人間性や個性の育成を図ること、食育の観点を踏まえた学校給食と望ましい食習慣の形成などは、道徳性の育成に資するものである。
- 　学級活動・ホームルーム活動 (3)「一人一人のキャリア形成と自己実現」の内容は、児童生徒一人一人が現在及び将来に希望や目標をもって生きる意欲や態度の形成、社会参画の意識の醸成や働くことの意義の理解、主体的な学習態度の形成、学校図書館等の活用などは、自らの生活を振り返り、目標を定め、粘り強く取り組み、よりよい生活態度を育てる道徳性の育成に密接な関わりをもつこととなる。

○　児童会活動・生徒会活動においては、異年齢の児童生徒が学校におけるよりよい生活を築くために、諸問題を見いだし、これを自主的に取り上げ、協力して解決していく自発的、自治的な活動は、異年齢によるよりよい人間関係の形成やよりよい学校生活づくりに参画する態度などに関わる道徳性を身に付けることができる。

○　クラブ活動においては、異年齢の交流を深め、協力して共通の興味・関心を追求する自発的、自治的な活動は、異年齢によるよりよい人間関係の形成や個性の伸長、よりよいクラブ活動づくりに参画する態度などに関わる道徳性を身に付けることができる。

○　**学校行事においては**、学校生活に秩序と変化を与え、学校生活の充実と発展に資する体験的な活動や、自然の中での集団宿泊体験、幼児・高齢者や障害のある人々との触れ合いや文化や芸術に親しむ体験を通して、よりよい人間関係、自律的態度、心身の健康、協力、責任、公徳心、勤労、社会奉仕などに関わる道徳性の育成を図ることができる。

③ 特別活動と総合的学習の時間

　変化の激しい今日の社会において、総合的な学習の時間・総合的な探究の時間（以下、総合的学習の時間で表記する。）の果たす役割には大きなものがあり、特別活動との関連では両者には共通性があるので、小・中学校の学習指導要領より、両者の目標や内容を理解しておきたい。

　特別活動の目標は、「集団や社会の形成者としての見方・考え方を働かせ、様々な集団活動に自主的、実践的に取り組み、互いのよさや可能性を発揮しながら集団や自己の生活上の課題を解決することを通して、次のとおり資質能力を育成することを目指す」と示されている。

　一方、総合的学習の時間の目標は、「探究的な見方・考え方を働かせ、横断的・総合的な学習を行うことを通して、よりよく課題を解決し、自己の生き方を考えていくための資質・能力を次のとおり育成することを目指す」と示されている。

　両者は、児童生徒が課題を見付け、体験的な学習や協働的な学習を通して、課題解決に向けて取り組んでいく共通性をもっている。一方、両者の違いを、それぞれの目標から考えると、特別活動は「実践的活動」であり、総合的学習の時間は「探究的活動」にあると考えられる。

　特別活動における「実践的活動」は、集団や自己の生活上の課題解決に向けて、実際に話し合ったことをもとに「実践」することであり、学校・学級生活の充実向上や自己の課題改善などの現実の問題解決に生かして

いくものである。

　総合的学習の時間においては、「探究的活動」であり、児童生徒が日常生活や社会に目を向けたときに、湧き上がってくる疑問や関心を解決したり明らかにしたりしていく学習活動である。そして、そこから新たな課題を見付け、問題の解決を始めるといった学習を繰り返しながらスパイラルに発展的に高まっていくものである[3]。

　特別活動で身に付けたよりよい生活や人間関係を築こうとする自主的、実践的な態度は、総合的学習の時間のよりよく解決する資質や能力の育成の基盤となるものであり、逆も同様である。また、特別活動における各種のグループや異年齢集団などにおける活動や、自然体験、ボランティア活動などの体験活動を重視すること等は、総合的学習の時間と共通性があるので、両者の関連を図った指導を行うことが大切である。両者の関連を図った小学校のテーマ名の例（題材名・単元名）や主な行動キーワード、目指したい主な資質・能力を次表に示す。

小学校
総合的な学習の時間（調べ学習）

高等学校
総合的な探究の時間（情報収集）

表4-2　特別活動と総合的学習の時間の関連を図った
　　　　テーマ名・主な行動キーワード・目指したい主な資質・能力

（小学校）

学年	テーマ名の例 （題材名・単元名）	主な行動キーワード	目指したい 主な資質・能力
中学年	○みんな大すき	○仲間、思いやり	②　③
	○みんな仲よく　みんな楽しく	○仲間、思いやり、自己存在感	②　③
	○広げよう　ふれ合いの輪	○自主性、社会性、共生	②　③
	○2分の1　成人式	○責任感、自主性、自己存在感、自己表現、自己実現	①　②　③
	○見つけよう　自分でできること	○自主性、自己存在感、責任感、勤労・奉仕、自己実現	②　③
高学年	○ふれ合い、学び合い	○仲間、思いやり、相互理解、共生	②　③
	○自分を見つめて	○自律性、責任感、自己存在感、自己実現	②
	○心のバリアフリー向上	○自主性、自律性、共生、奉仕	①　②　③
	○学校生活バージョンアップ	○自主性、協力、責任感、創意工夫	②　③
	○お年寄りと共に	○思いやり、自主性、共生、奉仕	①　②　③

※上表の、目指したい主な資質・能力
　①知識及び技能　②思考力、判断力、表現力等　③主体的に学ぶ態度、人間性等

　なお、「総合的学習の時間における学習活動をもって相当する特別活動の学校行事に掲げる各行事の実施に替える」場合には、特別活動と学校行事の目標が達成されるようにするとともに、各学校行事の内容を十分に実施できるようにする必要のあることに、留意しなければならな

い。例えば、特別活動の「修学旅行」と総合的学習の関連を図った指導が各地の学校で見られる。その趣旨は、両者の活動を関連させることにより、体験活動がダイナミックに展開されて、結果として活動の成果が大きくなり、学校全体として体験活動の充実を図ることにある。

　次に、特別活動「修学旅行」と総合的学習（探究）の関連を図った高等学校の指導例を示す。

表4-3　特別活動「修学旅行」と総合的学習の関連を図った指導例

※1つの活動の中に2つの要素を取り入れたクロス型の指導例　　　（高等学校）

事前（出発前）		実施（修学旅行中）		事後（帰校後）	
○グループ決めや役割、テーマを話し合う。○グループ見学先の計画を立てる。	テーマについての調べ学習・「現代社会と職業」	（1日目）○修学旅行中、調べ学習グループ別の調査のための訪問・企業、新聞社、関係機関等	（2日目）○旅行先活動・他グループとの集団活動	○学習のまとめ　（総合）○思い出など	○まとめたことの発表等
（特活・学活）	（総合）	（総合）	（特活・行事）	（特活・学活）	（特活・学活）

　なお、特別活動において体験活動を実施したことをもって、総合的学習の時間との代替を認めるものではない。また、総合的学習の時間において体験活動を行ったことをもって特別活動の代替を認めるものでもない。肝要なことは、望ましい人間関係の形成や公共の精神の育成と言った特別活動の趣旨を踏まえる必要があることである。このほか、次頁の特別活動の健康安全・体育的行事の準備などを総合的学習の時間に行うことはできないと新中学校学習指導要領　「総合的な学習の時間」に定められている。ただし、情報を収集するためなら、その限りではないとされている。

　　○　体育大会の練習及び準備等
　　○　文化祭の作品制作及び準備等
　　○　キャリア教育、職場体験等
　　○　泊行事や泊行事に伴う事前・事後指導及びその準備等
　　○　学校行事等

　上述の通り特別活動の各内容の特質や教育的意義を踏まえた上で、その関連を図っていくことが肝要である。

④ 特別活動と生徒指導

(1) 新しい特別活動と生徒指導の機能

　教育は、個の人格のみならず、社会の形成者を育むことが大前提であり、今日、いわゆる従前の「学力」に替わり、OECD の動向を汲み創られた新たな用語「資質・能力」という造語により、学校における教育実践は新たなステージとなった。この状況においても「学習指導」と「生徒指導」の学校の構造や重要性には変わりはなく、相互の関係において教育の目的を達成することとなる。

　今後、日本の学校においては教育基本法第 2 条 (教育の目標) 第 1 号を根拠として、知・徳・体の「生きる力」のバランスのとれた育成をふまえ、「21 世紀型能力」(国立教育政策研究所 2013 年) である「基礎力」、特に「思考力」や「実践力」、メタ認知や汎用的なスキルを育むことになってくる。

　また、新たな小・中学校学習指導要領が謳う「資質・能力の三つの柱」として、「知識及び技能」、「思考力、判断力、表現力等」、「学びに向かう力、人間性等」が示され、主体的で深い学び、汎用的な学力を目指すこととなった。これに基づき、特別活動の目標 (中学校) は、「集団や社会」、「集団活動」「自主的、実践的」「集団や自己」が新旧の共通するキーワードである。

　特別活動においては、「人間関係形成」、「社会参画」、「自己実現」の三つの視点から、前述の三つの柱である資質・能力を育成することとなった。

　一方、生徒指導（counseling and guidance）は、2008（平成 20）年 9 月の中学校学習指導要領解説総則編により、「一人一人の生徒の人格を尊重し、個性の伸長を図りながら、社会的資質や行動力を高めるように指導、援助」と示され、また、「生徒指導は、学校がその教育目標を達成するための重要な<u>機能</u>の一つであり、児童生徒の人格の形成を図る上で、大きな役割を担って」（下線は筆者による。）いると提言され、このことは「生徒指導提要」（平成 22 年 3 月）でも述べられている。

　つまり、生徒指導は「領域」ではなく「機能」であり、学校教育におけるすべての教科・領域、すべての指導内容において作用するものである。生徒指導の機能として次の 3 点を挙げることができる。

表4-4　生徒指導の機能

○　児童生徒に自己決定の場を与えること ○　児童生徒に自己存在感を与えること ○　人間的ふれあい（共感的関係）を基盤にすること

　生徒指導は、児童生徒が実践的な集団活動を展開する過程で機能的に働き、様々な活動を円滑に進めるための基盤をつくり、特別活動の実践を容易にする。

(2) 特別活動と生徒指導の関連

　生徒指導で目指す児童生徒の自己指導能力の育成は、特別活動の目標に取り上げられている「集団や社会の形成者」、「互いのよさや可能性を発揮」や「集団や自己の生活上の課題を解決」を包含しており、両者の関連は深い。

　つまり、生徒指導を機能させるためには教育課程上の枠組みや特別活動の授業時数を検討しなければならない。その意味で、特別活動の目標の実現と生徒指導の方針とは強く関連する。換言すれば、生徒指導の機能は、全ての教育指導の場面において実践させるが、特別活動の授業時数での学級活動・ホームルーム活動、児童会活動・生徒会活動、クラブ活動、学校行事の各指導がそれらの基盤となり、特別活動の目標 (2)「集団や自己の生活、人間関係の課題を見いだし、解決するために話合い、合意形成を図ったり、意思決定したりすることができるようにする。」は、三つの柱「資質・能力」の内②の「思考力、判断力、表現力等」にあたる。また、特別活動目標 (3)「自主的、実践的な集団活動を通して身に付けたことを生かして、集団や社会における生活及び人間関係をよりよく形成するとともに、人間としての生き方についての考えを深め、自己実現を図ろうとする態度を養う。」は、三つの柱「資質・能力」の内③の「学びに向かう力、人間性等」を照射しており、特別活動の領域で学習指導や生徒指導を機能させて教育実践をすすめることが期待される。

　以上のことから、「特別活動」と「生徒指導」の機能は、学校教育のゆくえを左右する最も重要な基盤的要素である。城郭に例えれば石垣である。教科の学習において学習する知識や技能をどのように活用するのか、三つの柱の「資質・能力」の内①の「知識及び技能」は、その基盤となり土台となるのが城郭でいう石垣であって、学校教育における領域「特別活動」と「生徒指導」の機能である。

　スマートフォン媒体の文字コミュニケーションや AI 時代の到来においては、その教育的意義は今後さらに重要性が増すだろう。また、この分野については、学校は、その社会的存在意義からして「チームとしての学校」の視点も含め、PTA や地域社会、関係専門機関、行政等と協力しながら相互主体的に担う拠点としての場とならなければならない。

⑤ 特別活動とキャリア教育

　キャリア教育の語句は、1999（平成 11）年、中央教育審議会答申において、初めて公の文書の中で示された。今回の学習指導要領の改訂（小・中学校は 2017 年 3 月 31 日告示）において「特別活動」における内容〔学級活動・ホームルーム活動〕の (3) に「一人一人のキャリア形成と自己実現」が小・中・高等学校において共通して新設された。

　その背景には、これからの変化の激しい時代を生き抜いていくため、児童生徒が自分自身で自分の未来を切り拓いていく力と態度を育てるキャリア形成が重要視され、学校での学びと社会との関連性を教えること等が挙げられる。

(1) キャリア教育の定義

　2011（平成 23）年、中央教育審議会の答申において、キャリア教育の定義は次の内容で示された。

表4-5　キャリア教育の定義[4]

○　一人一人の社会的・職業的自立に向けて、必要な基盤となる能力や態度を育てることを通して、キャリア発達を促す教育

　キャリア教育は、児童生徒がキャリアを形成していくために必要な能力や態度の育成を目標とする教育的働きかけであり、一人一人のキャリア発達を支援し、それぞれにふさわしいキャリアを形成していくために必要な能力や態度を育てることを目指すものである。

(2) キャリア教育の充実

　今回改訂の小学校学習指導要領第 1 章総則第 4「児童の発達の支援」において、下記の内容でキャリア教育の充実が示された。

表4-6　キャリア教育の充実[5]

児童が、学ぶことと自己の将来とのつながりを見通しながら、社会的・職業的自立に向けて必要な基盤となる資質・能力を身に付けていくことができるよう、特別活動を要としつつ各教科等の特質に応じて、キャリア教育の充実を図ること。

　以上の通り、特別活動が学校教育の中で、キャリア教育の中心的な役割を担うことが位置付けられたことを受けて、小・中・高等学校の学習指導要領特別活動編の学級活動 (3) 及びホームルーム活動 (3) において、「キャリア形成と自己実現」の視点から、次の内容が取り上げられた。[6]

［小学校におけるキャリア形成］

　小学校のキャリア形成を取り上げた学級活動 (3) の概要は次の通りである。

　　ア　現在や将来に希望をもって生きる意欲や態度の育成
　　イ　社会参画意識の醸成や働くことの意義の理解
　　ウ　主体的な学習態度の形成と学校図書館等の活用

　以上の内容は、個々の児童の将来に向けた自己実現に関わるものであり一人一人の主体的な意思決定に基づく実践にまでつなげることをねらいとしている。

［中・高等学校におけるキャリア形成］

　中・高等学校におけるキャリア形成を取り上げた学級活動 (中)・ホームルーム活動 (高) の活動内容 (3) の概要は次の通りである。

　（中学校）

　　ア　社会生活、職業生活との接続を踏まえた主体的な学習態度の形成と学校図書館等の活用

　イ　社会参画意識の醸成や勤労観・職業観の形成
　ウ　主体的な進路の選択と将来設計
（高等学校）
　ア　学校生活と社会的・職業的自立の意義と理解
　イ　主体的な学習態度の確立と学校図書館等の活用
　ウ　社会参画意識の醸成や勤労観・職業観の形成
　エ　主体的な進路決定と将来設計

(3) キャリア教育のポイント

　初等中等教育におけるキャリア教育のポイントは、2011（平成 23）年、中央教育審議会の答申において、次の内容で示された。

表4-7　キャリア教育のポイント⁷⁾

○　第1に、キャリア教育について、「一人一人の社会的・職業的自立に向けて、必要な基盤となる能力や態度を育てることを通して、キャリア発達を促す教育」と、新たな定義が示された。
○　第2に、「社会的・職業的自立に向けて必要な基盤となる能力や態度」として、基礎的・汎用的能力（「人間関係形成・社会形成能力」「自己理解・自己管理能力」「課題対応能力」「キャリアプランニング能力」）が示された。

　これらのことを踏まえ、小学校段階より係活動や委員会活動、清掃当番、勤労生産・奉仕的行事などの指導の充実は、児童生徒の望ましい勤労観・職業観の形成を図ることができるので、その後の中・高等学校の進路指導へと繋がるようにしなければならない。

(4) 学習材「キャリア・パスポート」の活用例

生き方の基礎学習として、「キャリア・パスポート」といった学習材を作成して、児童生徒が学習過程を見通したり振り返ったりして記述ができるよう、小・中・高等学校まで一貫した活用を図ることも必要である。

下記に、筆者の試案である2種類の「キャリア・パスポート」を示す。

表4-8　「これまでの私、これからの私」　　　　　名前（　　　　　　）

[凡例]　自分はそう思う→◎　　　自分はそのことを日々意識している→○				
初等	中等前	中等後		項　目
			(1)	新しいことに挑戦しようと思う
			(2)	自分の長所や短所を知っている
			(3)	友達にまどわされず、自分の意見を言うことができる
			(4)	目標達成のために、他の人と協力してやろうと思う
			(5)	失敗を恐れずに挑戦する
			(6)	夢をかなえるために、少しずつ努力しようと思う
			(7)	夢のために目標を立て、その目標を達成しようと思う。
			(8)	困難にぶつかったとき、パソコンなどで資料を集めたり、友達や親、先生などにアドバイスを受けようと思う。
			(9)	困難にぶつかったとき、自分が何かしなければならないのか、じっくり考えることがある
			(10)	夢や目標のために、計画を立てて物事を進めようとしている。
			(11)	途中で何かの問題がおき、初めに立てていた計画を変えて取り組もうと思う。
			(12)	困難にぶつかったとき、自分の考え方や学んだことを活かして解決しようと思う
			(13)	聴いている人が、わかりやすいように話をしようとしている
			(14)	相手の話を素直に聴こうとする
			(15)	友達が話しているとき、友達が話しやすいようにしようと思う
			(16)	自分とは違う意見を持っている人がおても、否定しない
			(17)	友達の立場を思いやって、行動しようと思う。
			(18)	他の人に迷惑をかけないように、ルールやマナーに気をつける
			(19)	状況に応じて、自分の話し方や行動に気を付けようとしている
			(20)	周囲の人たちのようすを見ながら、人のために何かしようと思う。

(注)　上表の20項目は、文部科学省の「職業観・勤労観を育む学習プログラムの枠組み」4能力、経済産業省の「社会人基礎力」3つの力、「コールバーグ道徳性の発達理論」5段階、英国のCitizenship-education（C/E）の「キーステージ1～2」の法定目標（20項目目に限ってはキーステージ3～4の非法定目標として設定）を参考にして、作成を試みた。

表4-9　Career-passport「私の今まで、今、今から」　　名前（　　　　　）

幼児教育	将来の夢、好きなこと、楽しかったこと		
	健　　康	(1) 健康な心と体	
	人間関係	(2) 自立心　3) 協同性　4) 道徳性・規範意識の芽生え	
	環　　境	(5) 社会生活との関わり　6) 思考力の芽生え　7) 自然との関わり・生命尊重，(8) 数量や図形　標識や文字などへの関心・感覚	
	言　　語	(9) 言葉による伝え合い	
	表　　現	(10) 豊かな感性と表現	
	小学校入学前に保護者から		

発達段階		学習活動	私の感想
初等教育／小学校	1年		
	2年		
	将来の夢		
	3年		
	4年		
	将来の夢		
	5年		
	6年		
	将来の夢、やりたい仕事		
中等教育前期／中学校	1年		
	2年		
	3年		
	将来の夢、やりたい仕事		
	だれもが「幸福な社会」とはどんな社会だろう		

　以上の「キャリア・パスポート」は、活動後に活用すると、児童生徒は、活動を振り返り、新たな学習や生活への意欲につなげたり、将来の生き方を考えたりすることが可能である。また、この活用を通して児童生徒の現状をその都度把握することができることや、小・中9年間、見通しをもって児童生徒を育むことも可能になる。

(5) キャリア教育と学習意欲

　キャリア教育の意義について、平成25年3月、国立教育政策研究所が児童生徒の学習意欲向上の認識率を明らかにした「キャリア教育・進路指導に関する総合的な実態調査第一次報告書」によると、充実した計画に基づいてキャリア教育をしている学校ほど、学習意欲も向上する傾向にあると指摘している。その内容は①キャリア教育計画の充実度が低い学校、②キャリア教育計画の充実度が中程度の学校、③キャリア教育計画の充実度が高い学校では、中学校においては① 21.4%、② 38.5%、③ 55.1% の生徒が、学習意欲が向上したと回答している。高等学校では、① 31.3%、② 46.6%、③ 65.4% の生徒が同様の回答をした。また、小学校においては、これらと比べ総体的に低いものの、① 9.7%、② 20.2%、③ 45.1% の児童が学習意欲の向上を認識したと回答していることが分かった。

　以上の結果からも、他の教科と連携して、特別活動を要として生徒指導の機能を活かし、また生き方教育としてのキャリア教育が推進されることが期待されている。

中学校　学校行事（職業体験学習）　　高等学校　学校行事（学校訪問）

引用文献

1) 文部科学省　『小学校学習指導要領解説　特別活動編』東洋館出版社　平成 29 年　pp. 34-39

2) 押谷由夫　『教職課程』―道徳教育の要点―　協同出版　2015 年 1 月号　p. 10

3) 田村学　『小学校学習指導要領ポイント総整理　総合的な学習の時間』東洋館出版社　平成 29 年　p. 28

4) 文部科学省　『今後の学校におけるキャリア教育・職業教育の在り方について（答申）』中央教育審議会　平成 23 年　p. 16

5) 文部科学省　『小学校学習指導要領　総則編』東洋館出版社　平成 29 年　p. 105

6) 文部科学省　『小学校学習指導要領解説　特別活動編』東洋館出版社　平成 29 年　p. 47

　　文部科学省　『中学校学習指導要領解説　特別活動編』東山書房　平成 29 年　p. 45

　　文部科学省　『高等学校学習指導要領解説　特別活動編』東京書籍　平成 29 年　p. 41

7) 文部科学省　『今後の学校におけるキャリア教育・職業教育の在り方について（答申）』中央教育審議会　平成 23 年　pp. 39-40

参考文献

1) 文部科学省『小学校学習指導要領解説　特別の教科　道徳編』廣済堂あかつき株式会社　平成 29 年

2) 文部科学省『小学校学習指導要領解説　総合的な学習の時間編』東洋館出版社　平成 29 年

3) 田村学　『小学校学習指導要領ポイント総整理　総合的な学習の時間』東洋館出版社　平成 29 年

コラム③

中教審が示したキャリア教育の新たな方向性

平成 23 年、中央教育審議会において、キャリア教育の新たな方向性として、「キャリア教育の定義」が示された。また、今日のキャリア発達の諸能力である「4領域 8 能力」は「基礎的・汎用的能力」への転換が公表された。

「基礎的・汎用的能力」への転換は、「4 領域 8 能力」である「人間関係形成・社会形成能力」（自他の理解能力、コミュニケーション能力）、「情報活用能力」（情報収集・探索能力、職業理解能力）、「将来設計能力」（役割把握・認識能力、計画実行能力）、「意思決定能力」（選択能力、課題解決能力）に基づく実践を生かして移行することが求められている。以下に「基礎的・汎用的能力」を示す。

○ 「**人間関係形成・社会形成能力**」……多様な他者の考えや立場を理解し、相手の意見を聴いて自分の考えを正確に伝えることができるとともに、自分の置かれている状況を受け止め、役割を果たしつつ他者と協力・協働して社会に参画し、今後の社会を積極的に形成することができる力である。

○ 「**自己理解・自己管理能力**」……自分が「できること」「意義を感じること」「したいこと」について、社会と相互関係を保ちつつ、今後の自分自身の可能性を含めた肯定的な理解に基づき主体的に行動すると同時に、自らの思考や感情を律し、かつ、今後の成長のために進んで学ぼうとする力である。

○ 「**課題対応能力**」……仕事をする上での様々な課題を発見・分析し、適切な計画を立ててその課題を処理し、解決することのできる力である。

○ 「**キャリアプランニング能力**」……「働くこと」の意義を理解し、自らが果たすべき様々な立場や役割との関連を踏まえて「働くこと」を位置付け、多様な生き方に関する様々な情報を適切に取捨選択・活用しながら、自ら主体的に判断していくキャリア形成である。

以上の内容は、キャリア教育の要となる特別活動での指導に重要であることに留意しなければならない。

● **引用文献**
文部科学省「今後の学校における教育・職業指導の在り方について」
中央教育審議会答申　平成 23 年 1 月　pp. 25-26

第 **5** 章

特別活動への期待

第 1 節　日本の教育の特色である特別活動

　世界の学校には教科指導のみを行う学校から、多くの教科外活動も行う学校が存在する。さらにどのような内容の活動を行うか内容にも多様性が見られる。そのため教科外活動の実施状況に注目して、世界の学校を類型化することができる。1 つの試みとして、比較教育文化論の視点から世界の学校を紹介した二宮皓の類型がある。そこでは世界の学校を、①ヨーロッパ大陸の国々に見られるような教科指導中心の学校、②社会主義国のように生徒指導的ケアは学校外の教育組織で行う仕組みになっている学校、③イギリスやアメリカ合衆国のように教科外の教育活動を教育課程に組み込んでいる学校、の 3 つに分類している。[1]

　日本の場合は、イギリスやアメリカ合衆国に近く、教科外の特別活動を教育課程に組み込み、知・徳・体のバランスの取れた人格形成を目指し、実社会において自立的に生きる基礎を培い、社会の形成者としての基礎的な資質を養っているところに特色があり、日本の教育のよさがあるといえる。そして、これらの教育の在り方や方向性は、新学習指導要領にも継承されている。また、こうした我が国の特別活動の役割と特色が、他国への国際協力の現場等においても高い評価を受けていることは特筆すべき事柄である。

　エジプト、モンゴル等では体験を通して人格形成を行う「TOKKATSU」への関心が非常に高まっており、日本型教育は現在世界に誇りうるものとして認知されている。

　新学習指導要領における特別活動では、「人間関係形成」、「社会参画」、「自己実現」の三つの視点を踏まえ「知識及び技能」、「思考力、判断力、表現力等」、「学びに向かう力、人間性等」の資質・能力を育成することが明らかにされた。

　教科指導における知識や理解は、インターネットによる情報や図書館などでも調べることが可能であるが、人間関係は、人と人とが関わる様々なよりよい集団活動が大前提となる。したがって、急速な情報化社会に対応しつつ、21 世紀の学校では、教科・領域等との調和を図り、特別活動の役割と特色を確認して、その機能（例えば、グループ学習の基礎を形成する等）を生かしていかねばならない。

　特にこれからの特別活動の指導は、児童生徒が「特別活動を通して○○を学んだ」ことで終わるのではなく、特別活動で身に付ける資質・能力を明確にし、「特別活動を通して○○ができるようになった」ことを大切にした指導法や評価を取り入れ、一層充実させていかなければならない。

第 2 節　現代っ子に必要な集団活動や実践的・体験的な活動

　近年、少子化、地域社会における人間関係の希薄化、急激な情報化による直接体験の減少等が進む中で、児童生徒たちの社会性を身に付ける機会や場の喪失がよく問題に取り上げられる。児童生徒の対人関係や社会性の未熟さは、他者と協力してよりよい生活を築くことができないことや、いじめや不登校などにつながる要因として捉えられている。

　このような現状を踏まえ、新学習指導要領解説編においては、「特別活動は、集団活動や体験的な活動を通して、多様な他者と人間関係を築き、協働して学級や学校文化の創造に参画する教育活動であり、人間関係形成や社会参画に資する力を育むことを目指すものである。また、その活動を通して、自分自身と他者を共に尊重し、夢や希望をもって生きる自己実現の力を育むことが期待されている。このような資質・能力は学校の教育活動全体を通して育成されるものであるが、特に、学校における

様々な集団活動や体験的な活動を通して、児童の人間形成を統合的に図ることを特質とする特別活動は、大きな役割を担うものである。」と示されている。

　集団活動や実践的で体験的な活動は、特別活動の特質であり大前提となる活動である。

　集団活動については、特別活動の目標に「様々な集団活動に自主的、実践的に取り組み、互いのよさや可能性を発揮しながら集団や自己の生活上の課題を解決することを通して」人間形成を図ることとされている。したがって、例えば、クラブ活動の文化的クラブの指導においては、せっかくの異学年集団を生かしきれず個人的な活動になる場合が見られるが、題材や活動内容、場の工夫等により、互いに協力し合えるよりよい集団活動へと高めることが必要である。

　体験的な活動については、特別活動の各内容において取り扱うが、特に学校行事がその役割を代表し、昭和33年の学習指導要領改訂において、「遠足」が自然体験や社会体験の必要性から必修化されて以来、「勤労生産的行事」や「奉仕的行事」「集団宿泊的行事」などの体験的な活動が拡大されてきた。さらに、その後、ボランティア活動、自然の中での長期の集団宿泊活動、職場体験活動、社会奉仕体験活動などが拡充され今日に至っている。

　実践的で体験的な活動は、特別活動の基本であり、「なすことによって学ぶ（ラーニング・バイ・ドゥイング）」と言うことにある。平成18年2月、中央教育審議会の審議経過報告には、「体験」を「言葉」とともに「学習や生活の基盤」として位置付けた上で、「体験は、体を育て、心を育てる源である」とし、「発達の段階に応じて、自然体験、社会体験、職場体験、文化体験等の適切な機会を設定することが求められる。」と指摘している。

　なお、体験については、教科学習でも取り上げられるが、教科では指導目標に迫るための手段としての「体験」にとどまる。特別活動での体験的な活動の場合は、体験活動自体にねらいがあり、その具現化を図る

指導計画や指導体制の下に、実践と評価が行われ、実社会の中で生かされる学習活動になるようにしなければならない。

第3節　特別活動で取扱う様々な教育課題

　今回の新学習指導要領実施に当たり、教育内容に関する主な改善事項として次の内容が示された。

表5-1　教育内容に関する主な改善事項

①言語能力の確実な育成　②理数教育の充実　③伝統や文化に関する教育の充実　④道徳教育の充実　⑤体験活動の充実　⑥外国語教育の充実
[その他の重要事項]
　・幼稚園教育要領
　・初等中等教育の一貫した学びの充実
　・主権者教育、消費者教育、防災・安全教育などの充実
　・情報活用能力（プログラミング教育を含む）
　・部活動
　・子どもたちの発達の支援（障害に応じた指導、日本語の能力等に応じた指導、不登校）

　上記の改善事項のうち、特別活動の指導内容として、教科等と関連し横断的に取り組まなければならない主要なものは、言語能力の充実、道徳教育の充実、体験活動の充実、そして社会の変化への対応の観点から示されている情報教育（プログラミング教育を含む）、安全教育、子どもたちの発達の支援等が挙げられる。

　したがって、特別活動は現代社会への対応を受けとめた様々な教育課題を、特別活動の指導内容として包括的に取り扱い、児童生徒たちが社

会の変化に対応できる力を集団活動や体験活動を通して身に付けなければならない。このことは、多様な教育内容と関わる特別活動のカリキュラムの特性に基づくものであると理解したい。

　なお、このような現代的な様々な教育課題の指導が特別活動に位置付けされると特別活動の本来的な教育活動を圧迫することや時数の増大等の傾向が考えられる。そこで、教育課題の共通性等に着目した教育内容の精選や統合、他の教育活動との関連指導、特別活動の内容相互の関連を図る工夫、また時数上の弾力的指導等について、学校内で話し合い、指導内容、指導方法、指導の時間配当、評価等を明らかにし、目標やねらいの実現を図らなければならない。

第 4 節　いじめのない学校づくりと特別活動

　2013（平成 25）年、文部科学省「いじめ防止対策推進法」に示されたいじめの定義は次の通りである。

表5-2　いじめの定義[2]

> 　「いじめ」とは、児童等に対して、当該児童等が在籍する学校に在籍している等当該児童等と一定の人的関係にある他の児童等が行う心理的又は物理的な影響を与える行為（インターネットを通じて行われるものを含む。）であって、当該行為の対象となった児童等が心身の苦痛を感じているものを言う。なお、起こった場所は学校の内外を問わない。

　いじめの定義については、いじめられる側の精神的・身体的苦痛の認知として見直しが行われ、2006（平成 18）年に文部科学省より「一定の人間関係のあるものから、心理的・物理的な攻撃を受けたことにより、精

神的苦痛を感じているもの」と変更された。その後、2013（平成 25）年に、文部科学省「いじめ防止対策推進法」により、いじめの定義は、さらに前述の内容に変更されて現在に至っている。

　いじめは、個人の要因や集団の質など、様々な条件が絡み合った現象である。

　近年、いじめは児童生徒の心身の健全な発達に重大な影響を及ぼし、不登校や自殺をはじめ、様々な問題を引き起こす背景ともなる深刻な問題であり、大きな社会問題となっており、いじめの問題への対応は、学校における最重要課題の一つとなっている。

　近年のいじめの状況を見ると、文部科学省において、毎年実施している「児童生徒の問題行動等生徒指導上の諸問題に関する調査」の結果では、いじめを認知した学校の割合は、2011（平成 23）年には 38.0％であったが、2012（平成 24 年）には 57.3％となり半数を超えた。このことは、「いじめは、どの子どもにも、どの学校でも起こり得るものである。」ことの一層の裏付けとなった。

　いじめは対人関係における問題であると言った視点に立つとき、特別活動の集団活動や体験的な活動を通して、児童生徒同士の心の結びつきを深め、社会性を育むことが期待されるところである。

　したがって、特別活動の各内容の指導において「自他理解の深化」を積極的に具体化したい。例えば、学級活動における人間関係を深める場や指導の工夫を話合い活動や係活動、集会活動において取り入れることである。また児童会活動・生徒会活動やクラブ活動、学校行事においては、異学年の児童生徒同士による心の結びつきを深める指導を工夫することであり、さらには、他校との交流、家庭や地域社会の人々との交流の機会を指導計画に積極的に取り入れることである。

　互いの人格を尊重し、違いを認め合える社会性を育むことは特別活動の目標そのものであり、いじめのない学校にするための教育活動として、特別活動の果たす役割には大きな期待がかかっている。

第 5 節　特別活動における言語活動の推進

　新学習指導要領では、教育内容の主な改善点として 6 点とその他の重要事項を挙げており、その 1 番目は、「言語活動の確実な育成」である。また、グローバル人材育成推進会議審議のまとめ（平成 24 年 6 月 4 日）では [3)]、グローバル化した世界にあって育成していく「グローバル人材」の概念として 3 要素を取り上げ、その要素 1 は、「言語力、コミュニケーション能力」である。

　言語は人間生活を営む上での基礎であり、論理・思考の知的活動やコミュニケーション等において重要な役目をもっている。国語科における「話す・聞く、書く、読む」の基本的な能力を各教科・領域等において、記録、説明などといった言語活動へ発展させ充実することである。そうしたとき豊かな学校生活づくり、よりよい人間関係づくり、自己の生き方等を目標に掲げる特別活動は、児童生徒が習得した言語能力を発揮できる最適な実践の場となるので、特別活動と言語活動の教育機能をリンクした指導を特に提言するところである。

　このような視点から、研究実践を推進した兵庫県佐用町立 M 小学校（児童数 53 名）の指導事例を以下に紹介する。

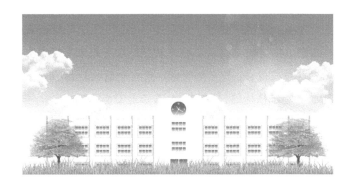

表5-3　特別活動における言語活動の事例

　兵庫県佐用町立 M 小学校では、研究主題「互いに認め合う心豊かな三河っこを目指して―言語活動の充実を図り、豊かな言葉の力を育てる―」の下に、特別活動と国語科の言語活動を基軸とした研究に取組み、その研究成果を第52回兵庫県へき地教育研究大会 (平成25年11月1日) で発表した。

　そこでは、小規模校のため、合同学級会の取り組みも行いながら、各学年とも、「議題・題材の工夫、提案理由に基づいた話合い、話合いの柱を踏まえた発表、友達の意見を大切にした話合い、話す子の目を見て聞き合う、体の温まる言葉を大切にした話合い、折り合いを大切にした合意形成」等について、児童の発達段階に合った望ましい話合い活動を展開することができた。

　この研究を通して、M 小学校では小規模校の課題である自主性、コミュニケーション力、表現力、リーダー性等についての向上が見られるようになってきた。また、異学年や保護者・地域の人々との交流に積極性が出て、学校生活を楽しく感じる児童が増えてきたとの研究成果を明らかにした。

　M 小学校の事例は、国語科で身に付けた言語活動の知識及び理解や技術を、特別活動の様々な活動の中で活かし、その活動過程を通して児童たちの「生きる力」を育むことのできた研究となった。

　21 世紀の変化の激しい社会では、児童生徒に生き抜く資質・能力を付けることが求められる。そのためには、考える力を付けることが肝要であり、その力は言語活動と集団活動や体験活動を一体化した指導を通してこそ、効率的に身に付けられると言える。

　言語活動の充実化を図るためには、特に学級活動・ホームルーム活動における話合い活動の議題・題材は工夫したいところである。

　次に挙げたものは小学校の場合の一例であり、望ましい言語活動の展開の下に、児童たちの生活向上や人間関係づくり等を目指した議題や題材になっている。

表5-4　小学校の話合い活動の議題や題材

```
１年生「うれしかったことをはっぴょうしよう」
２年生「いやなことばをたいじしよう」
３年生「言葉づかいについて考えよう」
４年生「学級の歌をつくろう」
５年生「スピーチ発表をしよう」
６年生「６年間の思い出を発表しよう」
```

　中学校の話合い活動において、比較的多く取り上げられる議題や題材をアンケート調査結果に基づいて次に挙げる。

表5-5　中学校の話合い活動の議題や題材に関わる調査結果

```
１. 学級目標や学級組織・・・・・・・・・・・・・97%
２. 修学旅行等の決まりなど・・・・・・・・・90%
３. 運動会等のスローガン・・・・・・・・・・86%
４. 生徒会総会の議案書検討・・・・・・・・65%
５. 学級の諸問題の解決・・・・・・・・・・・34%
```

（武蔵村山市公立中学校教員108名を対象に、平成25年5月実施）

【話合いと成績向上との相関関係】

（平成26年度　全国学力・学習状況調査の結果[4]より）

　児童生徒の話合いと成績向上には相関関係のあることが平成26年度全国学力・学習状況調査で実施した児童質問紙の調査結果から明らかにされた。

　質問項目の「学級の友達との間で話し合う活動を通じて、自分の考えを深めたり広げたりできていると思いますか」に対して、「そう思う」と答えた子の方が、「そう思わない」と答えた子よりも成績が良い結果が出た。

　また、「学級会などの時間に友達同士で話し合って学級のきまりなどを決めていると思う」に肯定的な回答をしている児童生徒の方がすべての教科で平均正答率が高い傾向にあることが明らかにされた。

引用文献

1)　山口満・安井一郎編著『改訂新板　特別活動と人間形成』学文社　　p. 233

2)　初等中等教育局児童生徒課『いじめ防止対策推進法の公布について（通知）』文部科学省　平成25年資料

3)　グローバル人材育成推進会議『グローバル人材育成推進会議中間まとめの概要』文部科学省　2014年資料6-1

4)　国立教育政策研究所教育課程研究センター『平成26年度　全国学力・学習状況調査等』文部科学省　平成26年度資料

参考文献

○　朝日新聞夕刊（東京版）『特活　世界が注目　昨年度、79カ国から視察』朝日新聞社　平成27年10月24日

○　小泉令三編著『よくわかる生徒指導・キャリア教育』ミネルヴァ書房　2012年

特別活動における ICT の活用について

　コロナ禍で見えてきた学校教育の方向性に ICT の一層の活用が挙げられる。しかし、「なすことによって学ぶ」ことを方法原理とする特別活動の ICT 活用の指導事例に関わる報告等については、多くあるとは言い難い状況である。

　情報化社会における特別活動の充実のために、ICT の有用な活用に取り組むことは喫緊の課題である。現在、ICT に関わる取り組みが研究会等で報告され、全国へ広がってきているので、その一部を以下に紹介する。

（学級活動・ホームルーム活動）

　〇端末コンピュータ、大型提示装置を利用し、全員の意見を可視化し、意見の分類・整理・まとめをしながら合意形成を図る。〇係活動の成果と課題報告会での活用により、係活動の活性化を図る。

（児童会活動・生徒会活動）

　〇委員会活動の成果と課題を全校児童生徒へ動画で紹介し、学校生活の向上を図る。〇議案の説明や採決、まとめに活用する。

（クラブ活動）

　〇各クラブ活動の様子を撮影し、プレゼンテーションソフトを活用して、クラブの成果を発表し、児童の活動意欲を高める。

（学校行事）

　〇運動会・体育祭、文化祭などを撮影した動画を鑑賞して、互いの状況を把握するとともに、相互評価によりお互いの可能性を理解する。

　ICT 活用の留意点には、活用は特別活動の特質「集団活動、実践的な活動」の代替ではないこと、また、「個別最適化」だけでなく「集団や全体の最適化」を大切にすること、教師の丁寧な指導の下に活用すること等が挙げられる。

●参考資料

文部科学省　"特別活動の指導におけるに ICT の活用について"

https://www.mext.go.jp/content/20200911-mxt_jogai01-000009772_17.pdf

第**6**章

21世紀社会に必要な
「生き抜く力」の育成と
特別活動

第1節　生涯学習社会を構築する「自立・協働・創造」「生き抜く力」

　2013（平成25）年、文部科学省は「第2期教育振興基本計画」を発表した。その概要は、生涯を通して社会を生き抜く力を身に付けられるようにするため「自立・協働・創造」を基軸とした生涯学習社会の構築であり、教育の再生に向けた施策を推進していくことが提起され、次図が示された。
　（注）文部科学省「生きる力」の表記を、本書では「生き抜く力」としている。

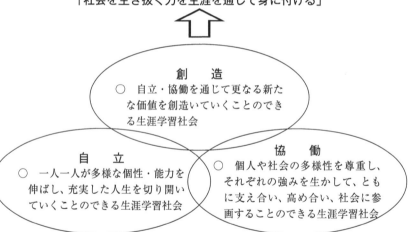

図6-1　第2期教育振興基本計画[1]

　以上の基本計画を踏まえた視点から、「生き抜く力」を育む授業の改善や21世紀型教育と特別活動の関連について、関係資料等を参考にし、以下に示す。

① 激動社会を「生き抜く力」を育成するための授業改善

　21世紀社会を子どもたちが生き抜く力を付けるため、これまでの授業の在り方を見直し、改善しなければならない。ここでは、その大要を以下に示す。

表6-1　「生き抜く力」を育むことを目指した授業改善

○　今後の教育の在り方として、一方向・一斉型の授業だけではなくICTなども活用しつつ、個々の能力や特性に応じた学び合い、さらには身近な地域や外国に至るまで学校内外の様々な人々との協働学習や多様な体験を通じた課題探究型の学習など、学習者の生活意欲、学習意欲、知的好奇心を十分に引き出すような新たな形態の学習の推進が求められる。
○　その際、「何を教えるのか」という視点のみならず「何を修得したのか」という視点が学習者本人にとっても学習を提供する側にとっても求められることを一層重視する必要がある。
○　あわせて、持続可能な社会の構築という見地からは、「関わり」「つながり」を尊重できる個人を育成する「持続可能な開発のための教育」の推進も求められており、これは「キー・コンピテンシー」（主要能力）の養成にもつながるものである。

② 21世紀型教育と特別活動の関連

　激動で予測困難な21世紀における教育は、前述の通り、「自立・協働・創造」を基軸として、生涯を通して社会を「生き抜く力」を身に付ける「21世紀型能力」の育成が求められている。

　国立教育政策研究所では、2013（平成25）年に『教育課程の編成に関する基礎的研究報告書』において、「21世紀型能力」の内容を明確にし、次図を提示した。

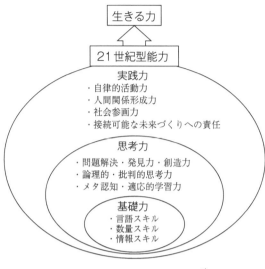

図6-2 「21世紀型能力」[2]

　ここで示された「21世紀型能力」は、学習指導要領の理念である「生きる力」を実効的に獲得することを目指し、生きる力を構成する知・徳・体の三要素から、とくに教科等横断的に育成が求められる資質・能力に注目して取り出しており、それらを「基礎力」「思考力」「実践力」の三層で構成している。

　特別活動においても、教科等と同様に、それぞれの力を関連付け子どもたちの自主的、自治的活動を効果的に促進させることが基本となる。また、特別活動の視点から、激動の社会の中を「生き抜く力」を育成する「21世紀型能力」を検討すると、特別活動で育む資質・能力が多く含まれている。とりわけ三つの能力の内、「実践力」は、「日常生活や社会の中に問題を見付け出し、自分の知識を総動員して自分やコミュニティ、社会にとって価値のある解を導くことができる力、さらに解を社会に発信し協調的に吟味することを通して、他者や社会の重要性を感得できる力」[3]と定義されており、このことは、「なすことによって学ぶ」ことを

特質とする特別活動で育む資質・能力との重なりが多く見られることに
注目したい。

表6-2　21世紀型教育と共通した特別活動の内容（試案）

○　自立においては、多様な個性・能力を伸ばし、充実した人生を主体的に
　切り拓くこと。
○　協働においては、個人や社会の多様性を尊重し、共に支え合い、高め合
　い、社会に参画すること。
○　創造においては、多様な価値観を受容し、それらがぶつかり融合するこ
　とを通じ、新たな価値を創造することのできる環境を構築すること。
○　一人一人の絆や公共の精神を大切にし、主体的に他者と協働する意識
　を醸成するとともに、仕事と生活の調和の実現や学校・家庭・地域の連
　携強化などにより学習や社会参画を可能とする環境を整備すること。
○　学校教育の充実のみならずコミュニティの再構築を通じて、子どもの
　学びを支えること。
○　学校は、子どもの教育の場であると同時に、多様な人が集まり協働し創
　造する学びの拠点として深化させていくこと。
○　学びを通じて自立・協働型の社会づくり、地域づくりを推進していく
　こと。
○　学習者自身が、生涯にわたり、自身に必要な知識や能力を認識し、身に
　付け、他者との関わり合いや実生活の中で応用し、実践できるような主体
　的・能動的な力を求めていること。
○　様々な困難に直面しても、諦めることなく、状況を主体的かつ的確に判
　断し、臨機応変に行動する力やコミュニケーション能力などを求めてい
　ること。

第2節　特別活動で身に付けさせたい「21世紀型能力」（試案）

　前節で示した「21世紀型教育」の内容等には、特別活動の内容が多く含まれている。その中で、特別活動で身に付けさせたい「21世紀型能力」を明らかにし、共通する内容を具体的に示しておくことや意識しながら指導に生かすことは、児童生徒の自主的、自治的活動を効果的に促進させることに繋がる。

表6-3　特別活動で児童生徒に身に付けさせたい「21世紀型能力」（試案）

特別活動の内容		児童生徒の活動内容	「21世紀型能力」
学級活動（小・中学校）ホームルーム	話合い活動	○議題ポストへの提案、事前準備（議題設定、提案理由の確認、話合いのめあて、アンケート等情報収集、役割分担、話合いの柱、記録等）、話合いの進行、振り返り、決定事項の掲示、実践等	○基礎力 ・言語的リテラシー、情報リテラシー ○思考力 ・論理的・批判的思考力、問題発見解決力・創造力、メタ認知・適応的学習力 ○実践力 ・自律的活動力、人間関係形成力、社会参画力・持続可能な未来への責任
	係活動	○活動計画づくり、役割分担、協働作業（本の修理、生き物の世話、掲示物の作成、教室内の美化、新聞づくり、学級集会、ニュースの発表等）、ポスター・図・絵・グラフ等の作成、振り返り	○基礎力 ・言語的リテラシー、数量的リテラシー、情報リテラシー ○思考力 ・論理的・批判的思考力、問題発見解決力・創造力、メタ認知・適応的学習力 ○実践力 ・自律的活動力、人間関係形成力、社会参画力・持続可能な未来への責任

活動（高等学校）	集会活動	○活動計画づくり、役割分担、諸準備、自発的で自治的な集会実施、振り返り	○基礎力 ・言語的リテラシー ○思考力 ・問題発見解決力・創造力、適応的学習力 ○実践力 ・自律的活動力、人間関係形成力
児童会活動（小学校）　**生徒会活動**（中・高等学校）	代表委員会・運営委員会　生徒総会・生徒評議会	○計画づくり、役割分担、運営、話合い、各学級への連絡、委員会・クラブ・部活動との連絡調整、学校行事への協力・参加、全校児童・生徒集会、異年齢集団の交流、地域の人々との交流、振り返り	○基礎力 ・言語的リテラシー、数量的リテラシー、情報リテラシー ○思考力 ・論理的・批判的思考力、問題発見解決力・創造力、メタ認知・適応的学習力 ○実践力 ・自律的活動力、人間関係形成力、社会参画力・持続可能な未来への責任
	委員会活動	○活動計画づくり、役割分担、諸活動（放送・学校新聞・掲示・健康給食・動植物の世話・校内環境美化・学校図書館・運動等）、振り返り	○基礎力 ・言語的リテラシー、数量的リテラシー、情報リテラシー ○思考力 ・論理的・批判的思考力、問題発見解決力・創造力、メタ認知・適応的学習力 ○実践力 ・自律的活動力、人間関係形成力、社会参画力・持続可能な未来への責任
	全校集会活動	○活動計画づくり、役割分担、全校集会・学年集会、諸活動の報告・連絡・発表、振り返り	○基礎力 ・言語的リテラシー ○思考力 ・問題発見解決力・創造力、適応的学習力 ○実践力 ・自律的活動力、人間関係形成力

クラブ活動（小学校）	クラブの組織づくりとクラブ活動の計画と運営	○クラブ所属希望提出、活動計画づくり、役割分担、必要物品提案、振り返り	○基礎力 ・言語的リテラシー、情報リテラシー ○思考力 ・論理的・批判的思考力、問題発見力・創造力、メタ認知・適応的学習力 ○実践力 ・自律的活動力、人間関係形成力
	クラブを楽しむ活動	○活動計画づくり、役割分担、興味・関心を追求する活動（運動・文化・科学・芸術活動等）、外部講師の支援、振り返り	○基礎力 ・言語的リテラシー、数量的リテラシー、情報リテラシー ○思考力 ・論理的・批判的思考力、問題発見解決力・創造、メタ認知・適応的学習力 ○実践力 ・自律的活動力、人間関係形成力、社会参画力
	成果の発表	○活動計画づくり、役割分担、発表（放送・展示・実演等による発表）、振り返り	○基礎力 ・言語的リテラシー、数量的リテラシー、情報リテラシー ○思考力 ・論理的・批判的思考力、問題発見解決力・創造力、メタ認知・適応的学習力 ○実践力 ・自律的活動力、人間関係形成力
学校行事		○学校行事への協力・参加を通して、各行事のねらいに即した能力・態度を育てる。 ①儀式的行事 ②文化的行事 ③健康安全・体育的行事 ④遠足（旅行）・集団宿泊的行事 ⑤勤労生産・奉仕的行事 （　）：中・高等学校	○基礎力 ・言語的リテラシー ○思考力 ・論理的・批判的思考力、問題発見解決力・創造力、メタ認知・適応的学習力 ○実践力 ・自律的活動力、人間関係形成力、社会参画力・持続可能な未来への責任

※　前表内の「リテラシー」、「メタ認知」について

［リテラシー］[4]

　リテラシーの定義「社会に参加し、個人がその目標を達成し、その知識と可能性を発展させるために、書かれたテキストを理解し、評価し、利用し、関わることである。」

○　話す・聞く・読む・書くといった言語的リテラシー、数学的な情報を活用する数学的リテラシー、コンピューター等を通して情報を活用する情報的リテラシーは、すべての教科・領域に関わっているため、教育課程の全体で計画的に育成することが求められる。（国立教育政策研究所　2013）

［メタ認知］[5]

　メタ認知は、モニター力とコントロール力から構成される。

○　モニター力は、学習課題を解いている相手をモニターし問題を見付ける。自分自身の課題をモニターし問題を見付ける。学習課題を遂行するプロセスをデザインすること。

○　コントロール力は、効果的な学習方法を自分自身で決める。学習の状況を調整すること。

引用文献

1)　総合教育政策課　『第2期教育振興基本計画』文部科学省　平成25年　概要資料1

2)　文部科学省『平成25年度　教育課程の編成に関する基礎的研究報告書7 ―資質や能力の包括的育成に向けた教育課程の基準の原理―』国立教育政策研究所　平成26年　p.7

3)　同上書　p.7

4)　文部科学省『教育課程の編成に関する基礎的研究報告書5　―社会の変化に対応する資質や能力を育成する教育課程編成の基本原理［改訂版］―』国立教育政策研究所 平成25年　p.87

5)　同上書　p. 88

参考文献

○　今西幸蔵『教育課程の特別活動における主要能力の育成に関わる研究』(配布資料)

資料

小学校学習指導要領 「特別活動」 改訂前後の対照表

改訂後（平成29年告示）	改訂前（平成20年告示）
第6章　特別活動（小学校） **第1　目　標** 　集団や社会の形成者としての見方・考え方を働かせ、様々な集団活動に自主的、実践的に取り組み、互いのよさや可能性を発揮しながら集団や自己の生活上の課題を解決することを通して、次のとおり資質・能力を育成することを目指す。 　(1)多様な他者と協働する様々な集団活動の意義や活動を行う上で必要となることについて理解し、行動の仕方を身に付けるようにする。 　(2)集団や自己の生活、人間関係の課題を見いだし、解決するために話し合い、合意形成を図ったり、意思決定したりすることができるようにする。 　(3)自主的、実践的な集団活動を通して身に付けたことを生かして、集団や社会における生活及び人間関係をよりよく形成するとともに、自己の生き方についての考えを深め、自己実現を図ろうとする態度を養う。	**第6章　特別活動（小学校）** **第1　目　標** 　望ましい集団活動を通して、心身の調和のとれた発達と個性の伸長を図り、集団の一員としてよりよい生活や人間関係を築こうとする自主的、実践的な態度を育てるとともに、自己の生き方についての考えを深め、自己を生かす能力を養う。
第2　各活動・学校行事の目標及び内容 ［学級活動］ 　1　目　標 　学級や学校での生活をよりよくしていくための課題を見いだし、解決するために話し合い、合意形成し、役割を分担して協力して実践したり、学級での話合いを生かして自己の課題の解決及び将来の生き方を描くために意思決定して実践したりすることに、自主的、実践的に取り組むことを通して、第1の目標に掲げる資質・能力を育成することを目指す。 　2　内　容 　1の資質・能力を育成するため、全ての学年において、次の各活動を通して、それぞれの活動の意義及び活動を行う上	**第2　各活動・学校行事の目標及び内容** ［学級活動］ 　1　目　標 　学級活動を通して、望ましい人間関係を形成し、集団の一員として学級や学校におけるよりよい生活づくりに参画し、諸問題を解決しようとする自主的、実践的な態度や健全な態度や生活態度を育てる。 　2　内　容 ［第1学年及び第2学年］、［第3学年及び第4学年］、［第5学年及び第6学年］ごとの内容―省略

改訂後（平成29年告示）	改訂前（平成20年告示）
で必要となることについて理解し、主体的に考えて実践できるよう指導する。 (1)　学級や学校における生活づくりへの参画 　ア　学級や学校における生活上の諸問題の解決 　　学級や学校における生活をよりよくするための課題を見いだし、解決するために話し合い、合意形成を図り、実践すること。 　イ　学級内の組織づくりや役割の自覚 　　学級生活の充実や向上のため、児童が主体的に組織をつくり、役割を自覚しながら仕事を分担して、協力し合い実践すること。 　ウ　学校における多様な集団の生活の向上 　　児童会など学級の枠を超えた多様な集団における活動や学校行事を通して学校生活の向上を図るため、学級としての提案や取組を話し合って決めること。 (2)　日常の生活や学習への適応と自己の成長及び健康安全 　ア　基本的な生活習慣の形成 　　身の回りの整理や挨拶などの基本的な生活習慣を身に付け、節度ある生活にすること。 　イ　よりよい人間関係の形成 　　学級や学校の生活において互いのよさを見付け、違いを尊重し合い、仲よくしたり信頼し合ったりして生活すること。 　ウ　心身ともに健康で安全な生活態度の形成 　　現在及び生涯にわたって心身の健康を保持増進することや、事件や事故、災害等から身を守り安全に行動すること。	〔共通事項〕 (1)　学級や学校の生活づくり 　ア　学級や学校における生活上の諸問題の解決 　イ　学級内の組織づくりや仕事の分担処理 　ウ　学校における多様な集団の生活の向上 (2)　日常の生活や学習への適応及び健康安全 　ア　希望や目標をもって生きる態度の形成 　イ　基本的な生活態度の形成 　ウ　望ましい人間関係の形成

改訂後（平成29年告示）	改訂前（平成20年告示）
エ　食育の観点を踏まえた学校給食と望ましい食習慣の形成 　　給食の時間を中心としながら、健康によい食事のとり方など、望ましい食習慣の形成を図るとともに、食事を通して人間関係をよりよくすること。 (3)　一人一人のキャリア形成と自己実現 　ア　現在や将来に希望や目標をもって生きる意欲や態度の形成 　　学級や学校での生活づくりに主体的に関わり、自己を生かそうとするとともに、希望や目標をもち、その実現に向けて日常の生活をよりよくしようとすること。 　イ　社会参画意識の醸成や働くことの意義の理解 　　清掃などの当番活動や係活動等の自己の役割を自覚して協働することの意義を理解し、社会の一員として役割を果たすために必要なことについて主体的に考えて行動すること。 　ウ　主体的な学習態度の形成と学校図書館の活用 　　学ぶことの意義や現在及び将来の学習と自己実現とのつながりを考えたり、自主的に学習する場としての学校図書館等を活用したりしながら学習の見通しを立て、振り返ること。 〔児童会活動〕 1　目　標 　　異年齢の児童同士で協力し、学校生活の充実と向上を図るための諸問題の解決に向けて、計画を立て役割を分担し、協力して運営することに自主的、実践的に取り組むことを通して、第1の目標に掲げる資質・能力を育成することを目指す。	エ　清掃などの当番活動の役割と働くことの意義の理解 オ　学校図書館の利用 カ　心身ともに健康で安全な生活態度の形成 キ　食育の観点を踏まえた学校給食と望ましい食習慣の形成 〔児童会活動〕 1　目　標 　　児童会活動を通して、望ましい人間関係を形成し、集団の一員としてよりよい学校生活づくりに参画し、協力して諸問題を解決しようとする自主的、実践的な態度を育てる。

改訂後（平成29年告示）	改訂前（平成20年告示）
2　内　容 　　1の資質・能力を育成するため、学校の全児童をもって組織する児童会において、次の各活動を通して、それぞれの活動の意義及び活動を行う上で必要となることについて理解し、主体的に考えて実践できるように指導する。 (1)児童会の組織づくりと児童会活動の計画や運営 　　児童が主体的に組織をつくり、役割を分担し、計画を立て、学校生活の課題を見いだし解決するために話し合い、合意形成を図り実践すること。 (2)異年齢集団による交流 　　児童会が計画や運営を行う集会等の活動において、学年や学級が異なる児童と共に楽しく触れ合い、交流を図ること。 (3)学校行事への協力 　　学校行事の特質に応じて、児童会の組織を活用して、計画の一部を担当したり、運営に協力したりすること。	2　内　容 　　学校の全児童をもって組織する児童会において学校生活の充実と向上を図る活動を行うこと。 (1)　児童会の計画や運営 (2)　異年齢集団による交流 (3)　学校行事への協力
〔クラブ活動〕 1　目　標 　　異年齢の児童同士で協力し、共通の興味・関心を追求する集団活動の計画を立てて運営することに自主的、実践的に取り組むことを通して、個性の伸長を図りながら、第1の目標に掲げる資質・能力を育成することを目指す。 2　内　容 　　1の資質・能力を育成するため、主として第4学年以上の同好の児童をもって組織するクラブにおいて、次の活動を通して、それぞれの活動の意義及び活動を行う上で必要となることについて理解し、主体的に考えて実践できるよう指導する。	〔クラブ活動〕 1　目　標 　　クラブ活動を通して、望ましい人間関係を形成し、個性の伸長を図り、集団の一員として協力してよりよいクラブづくりに参画しようとする自主的、実践的な態度を育てる。 2　内　容 　　学年や学級の所属を離れ、主として第4学年以上の同好の児童をもって組織するクラブにおいて、異年齢集団の交流を深め、共通の興味・関心を追求する活動を行うこと。

改訂後（平成29年告示）	改訂前（平成20年告示）
(1) クラブの組織づくりとクラブ活動の計画や運営 　児童が活動計画を立て、役割を分担し、協力して運営に当たること。	(1) クラブの計画や運営
(2) クラブを楽しむ活動 　異なる学年の児童と協力し、創意工夫を生かしながら共通の興味・関心を追求すること。	(2) クラブを楽しむ活動
(3) クラブの成果の発表 　活動の成果について、クラブの成員の発意・発想を生かし、協力して全校の児童や地域の人々に発表すること。	(3) クラブの成果の発表
〔学校行事〕 1　目　標 　全校又は学年の児童で協力し、よりよい学校生活を築くための体験的な活動を通して、集団への所属感や連帯感を深め、公共の精神を養いながら、第1の目標に掲げる資質・能力を育成することを目指す。 2　内　容 　1の資質・能力を育成するため、全ての学年において、全校又は学年を単位として、次の各行事において、学校生活に秩序と変化を与え、学校生活の充実と発展に資する体験的な活動を行うことを通して、それぞれの学校行事の意義及び活動を行う上で必要となることについて理解し、主体的に考えて実践できるよう指導する。	〔学校行事〕 1　目　標 　学校行事を通して、望ましい人間関係を形成し集団への所属感や連帯感を深め、公共の精神を養い、協力してよりよい学校生活を築こうとする自主的、実践的な態度を育てる。 2　内　容 　全校又は学年を単位として、学校生活に秩序と変化を与え、学校生活の充実と発展に資する体験的な活動を行うこと。
(1) 儀式的行事 　学校生活に有意義な変化や折り目を付け、厳粛で清新な気分を味わい、新しい生活の展開への動機付けとなるようにすること。	(1) 儀式的行事 　学校生活に有意義な変化や折り目を付け、厳粛で清新な気分を味わい、新しい生活の展開への動機付けとなるような活動を行うこと。
(2) 文化的行事 　平素の学習活動の成果を発表し、自己の向上の意欲を一層高めたり、文化や	(2) 文化的行事 　平素の学習活動の成果を発表し、その向上の意欲を一層高めたり、文化や芸術

改訂後（平成29年告示）	改訂前（平成20年告示）
芸術に親しんだりするようにすること。	に親しんだりするような活動を行うこと。
(3) 健康安全・体育的行事	(3) 健康安全・体育的行事
心身の健全な発達や健康の保持増進、事件や事故、災害等から身を守る安全な行動や規律ある集団行動の体得、運動に親しむ態度の育成、責任感や連帯感の涵養、体力の向上などに資するようにすること。	心身の健全な発達や健康の保持増進などについての関心を高め、安全な行動や規律ある集団行動の体得、運動に親しむ態度の育成、責任感や連帯感の涵養、体力の向上などに資するような活動を行うこと。
(4) 遠足・集団宿泊的行事	(4) 遠足・集団宿泊的行事
自然の中での集団宿泊活動などの平素と異なる生活環境にあって、見聞を広め、自然や文化などに親しむとともに、よりよい人間関係を築くなどの集団生活の在り方や公衆道徳などについての体験を積むことができるようにすること。	自然の中での集団宿泊活動などの平素と異なる生活環境にあって、見聞を広め、自然や文化などに親しむとともに、人間関係などの集団生活の在り方や公衆道徳などについての望ましい体験を積むことができるような活動を行うこと。
(5) 勤労生産・奉仕的行事	(5) 勤労生産・奉仕的行事
勤労の尊さや生産の喜びを体得するとともに、ボランティア活動などの社会奉仕の精神を養う体験が得られるようにすること。	勤労の尊さや生産の喜びを体得するとともに、ボランティア活動などの社会奉仕の精神を養う体験が得られるような活動を行うこと。

(注) 各活動・学校行事の「3内容の取扱い」及び「第3指導計画の作成と内容の取扱い」は省略。

中学校学習指導要領　「特別活動」　改訂前後の対照表

改訂後（平成29年告示）	改訂前（平成20年告示）
第1　目　標	第1　目　標
集団や社会の形成者としての見方・考え方を働かせ、様々な集団活動に自主的、実践的に取り組み、互いのよさや可能性を発揮しながら集団や自己の生活上の課題を解決することを通して、次のとおり資質・能力を育成することを目指す。	望ましい集団活動を通して、心身の調和のとれた発達と個性の伸張を図り、集団や社会の一員としてよりよい生活や人間関係を築こうとする自主的、実践的な態度を育てるとともに、人間としての生き方についての自覚を深め、自己を生かす能力を養う。
(1) 多様な他者と協働する様々な集団活動の意義や活動を行う上で必要となることについて理解し、行動の仕方を身に付けるようにする。	
(2) 集団や自己の生活、人間関係の課題を見いだし、解決するために話し合い、合意形成を図ったり、意思決定したりすること	

改訂後（平成29年告示）	改訂前（平成20年告示）
ができるようにする。 (3) 自主的、実践的な集団活動を通して身に付けたことを生かして、集団や社会における生活及び人間関係をよりよく形成するとともに、人間としての生き方についての考えを深め、自己実現を図ろうとする態度を養う。	
第2　各活動・学校行事の目標及び内容 〔学級活動〕 1　目　標 　学級や学校での生活をよりよくするための課題を見いだし、解決するために話し合い、合意形成し、役割を分担して協力して実践したり、学級での話合いを生かして自己の課題の解決及び将来の生き方を描くために意思決定して実践したりすることに、自主的、実践的に取り組むことを通して、第1の目標に掲げる資質・能力を育成することを目指す。	第2　各活動・学校行事の目標及び内容 （学級活動） 1　目　標 　学級活動を通して、望ましい人間関係を形成し、集団の一員として学級や学校におけるよりよい生活づくりに参画し、諸問題を解決しようとする自主的、実践的な態度や健全な生活態度を育てる。
2　内　容 　1の資質・能力を育成するため、全ての学年において、次の各活動を通して、それぞれの活動の意義及び活動を行う上で必要となることについて理解し、主体的に考えて実践できるよう指導する。	2　内　容 　学級を単位として、学級や学校の生活の充実と向上、生徒が当面する諸課題への対応に資する活動を行うこと。
(1) 学級や学校における生活づくりへの参画 ア　学級や学校における生活上の諸問題の解決 　学級や学校における生活をよりよくするための課題を見いだし、解決するために話し合い、合意形成を図り、実践すること。 イ　学級内の組織づくりや役割の自覚 　学級生活の充実や向上のため、生徒が主体的に組織をつくり、役割を自覚しながら仕事を分担して、協力し合い実践すること。	(1)　学級や学校の生活づくり ア　学級や学校における生活上の諸問題の解決 イ　学級内の組織づくりや仕事の分担処理 ウ　学校における多様な集団の生活の向上

改訂後（平成29年告示）	改訂前（平成20年告示）
ウ　学校における多様な集団の生活の向上 　　生徒会など学級の枠を超えた多様な集団 　　における活動や学校行事を通して学校生 　　活の向上を図るため、学級としての提案 　　や取組を話し合って決めること。	
(2) 日常の生活や学習への適応と自己の成 　　長及び健康安全	(2)　適応と成長及び健康安全
ア　自他の個性の理解と尊重、よりよい人 　　間関係の形成 　　　自他の個性を理解して尊重し、互いの 　　よさや可能性を発揮しながらよりよい集 　　団生活をつくること。	ア　思春期の不安や悩みとその解決 イ　自己及び他者の個性の理解と尊重
イ　男女相互の理解と協力 　　　男女相互について理解するとともに、 　　共に協力し尊重し合い、充実した生活づ 　　くりに参画すること。	ウ　社会の一員としての自覚と責任 エ　男女相互の理解と協力
ウ　思春期の不安や悩みの解決、性的な発 　　達への対応 　　　心や体に関する正しい理解を基に、適 　　切な行動をとり、悩みや不安に向き合い 　　乗り越えようとすること。	オ　望ましい人間関係の確立 カ　ボランティア活動の意義の理解と参加
エ　心身ともに健康で安全な生活態度や習 　　慣の形成 　　　節度ある生活を送るなど現在及び生涯 　　にわたって心身の健康を保持増進するこ 　　とや、事件や事故、災害等から身を守り 　　安全に行動すること。	キ　心身ともに健康で安全な生活態度や習 　　慣の形成 ク　性的な発達への適応
オ　食育の観点を踏まえた学校給食と望ま 　　しい食習慣の形成 　　　給食の時間を中心としながら、成長や 　　健康管理を意識するなど、望ましい食習 　　慣の形成を図るとともに、食事を通して 　　人間関係をよりよくすること。	ケ　食育の観点を踏まえた学校給食と望ま 　　しい食習慣の形成
(3) 一人一人のキャリア形成と自己実現	(3)　学業と進路
ア　社会生活、職業生活との接続を踏まえ 　　た主体的な学習態度の形成と学校図書館 　　等の活用 　　　現在及び将来の学習と自己実現とのつ	ア　学ぶことと働くことの意義の理解 イ　自主的な学習態度の形成と学校図書館 　　の利用

改訂後（平成29年告示）	改訂前（平成20年告示）
ながりを考えたり、自主的に学習する場としての学校図書館等を活用したりしながら、学ぶことと働くことの意義を意識して学習の見通しを立て、振り返ること。 イ　社会参画意識の醸成や勤労観・職業観の形成 　社会の一員としての自覚や責任をもち、社会生活を営む上で必要なマナーやルール、働くことや社会に貢献することについて考えて行動すること。 ウ　主体的な進路の選択と将来設計 　目標をもって、生き方や進路に関する適切な情報を収集・整理し、自己の個性や興味・関心と照らして考えること。	ウ　進路適性の吟味と進路情報の活用 エ　望ましい勤労観・職業観の形成 オ　主体的な進路の選択と将来設計
〔生徒会活動〕 1　目　標 　異年齢の生徒同士で協力し、学校生活の充実と向上を図るための諸問題の解決に向けて、計画を立て役割を分担し、協力して運営することに自主的、実践的に取り組むことを通して、第1の目標に掲げる資質・能力を育成することを目指す。 2　内　容 　1の資質・能力を育成するため、学校の全生徒をもって組織する生徒会において、次の各活動を通して、それぞれの活動の意義及び活動を行う上で必要となることについて理解し、主体的に考えて実践できるよう指導する。 (1) 生徒会の組織づくりと生徒会活動の計画や運営 　生徒が主体的に組織をつくり、役割を分担し、計画を立て、学校生活の課題を見いだし解決するために話し合い、合意形成を図り実践すること。 (2) 学校行事への協力 　学校行事の特質に応じて、生徒会の組	（生徒会活動） 1　目　標 　生徒会活動を通して、望ましい人間関係を形成し、集団や社会の一員としてよりよい学校生活づくりに参画し、協力して諸問題を解決しようとする自主的、実践的な態度を育てる。 2　内　容 　学校の全生徒をもって組織する生徒会において、学校生活の充実と向上を図る活動を行うこと。 (1) 生徒会の計画や運営 (2) 異年齢集団による交流 (3) 生徒の諸活動についての連絡調整 (4) 学校行事への協力

改訂後（平成29年告示）	改訂前（平成20年告示）
織を活用して、計画の一部を担当したり、運営に主体的に協力したりすること。 (3) ボランティア活動などの社会参画 　　地域や社会の課題を見いだし、具体的な対策を考え、実践し、地域や社会に参画できるようにすること。	(5) ボランティア活動などの社会参加
〔学校行事〕 1　目　標 　全校又は学年の生徒で協力し、よりよい学校生活を築くための体験的な活動を通して、集団への所属感や連帯感を深め、公共の精神を養いながら、第1の目標に掲げる資質・能力を育成することを目指す。 2　内　容 　1の資質・能力を育成するため、全ての学年において、全校又は学年を単位として、次の各行事において、学校生活に秩序と変化を与え、学校生活の充実と発展に資する体験的な活動を行うことを通して、それぞれの学校行事の意義及び活動を行う上で必要となることについて理解し、主体的に考えて実践できるよう指導する。	〔学校行事〕 1　目　標 　学校行事を通して、望ましい人間関係を形成し、集団への所属感や連帯感を深め、公共の精神を養い、協力してよりよい学校生活を築こうとする自主的、実践的な態度を育てる。 2　内　容 　全校又は学年を単位として、学校生活に秩序と変化を与え、学校生活の充実と発展に資する体験的な活動を行うこと。
(1) 儀式的行事 　　学校生活に有意義な変化や折り目を付け、厳粛で清新な気分を味わい、新しい生活の展開への動機付けとなるようにすること。	(1) 儀式的行事 　　学校生活に有意義な変化や折り目を付け、厳粛で清新な気分を味わい、新しい生活の展開への動機付けとなるような活動を行うこと。
(2) 文化的行事 　　平素の学習活動の成果を発表し、自己の向上の意欲を一層高めたり、文化や芸術に親しんだりするようにすること。	(2) 文化的行事 　　平素の学習活動の成果を発表し、その向上の意欲を一層高めたり、文化や芸術に親しんだりするような活動を行うこと。
(3) 健康安全・体育的行事 　　心身の健全な発達や健康の保持増進、事件や事故、災害等から身を守る安全な行動や規律ある集団行動の体得、運動に親しむ態度の育成、責任感や連帯感の涵	(3) 健康安全・体育的行事 　　心身の健全な発達や健康の保持増進などについての理解を深め、安全な行動や規律ある集団行動の体得、運動に親しむ態度の育成、責任感や連帯感の涵養、

改訂後（平成29年告示）	改訂前（平成20年告示）
養、体力の向上などに資するようにすること。	体力の向上などに資するような活動を行うこと。
(4) 旅行・集団宿泊的行事 　平素と異なる生活環境にあって、見聞を広め、自然や文化などに親しむとともに、よりよい人間関係を築くなどの集団生活の在り方や公衆道徳などについての体験を積むことができるようにすること。	(4) 旅行・集団宿泊的行事 　平素と異なる生活環境にあって、見聞を広め、自然や文化などに親しむとともに、集団生活の在り方や公衆道徳などについての望ましい体験を積むことができるような活動を行うこと。
(5) 勤労生産・奉仕的行事 　勤労の尊さや生産の喜びを体得し、職場体験活動などの勤労観・職業観に関わる啓発的な体験が得られるようにするとともに、共に助け合って生きることの喜びを体得し、ボランティア活動などの社会奉仕の精神を養う体験が得られるようにすること。	(5) 勤労生産・奉仕的行事 　勤労の尊さや創造することの喜びを体得し、職場体験などの職業や進路に関わる啓発的な体験が得られるようにするとともに、共に助け合って生きることの喜びを体得し、ボランティア活動などの社会奉仕の精神を養う体験が得られるような活動を行うこと。

（注）各活動・学校行事の「3内容の取扱い」及び「第3指導計画の作成と内容の取扱い」は省略。

高等学校学習指導要領　「特別活動」　改訂前後の対照表

改訂後（平成30年告示）	改訂前（平成20年告示）
第5章特別活動 第1　目　標 　集団や社会の形成者としての見方・考え方を働かせ、様々な集団活動に自主的、実践的に取り組み、互いのよさや可能性を発揮しながら集団や自己の生活上の課題を解決することを通して、次のとおり資質・能力を育成することを目指す。 (1) 多様な他者と協働する様々な集団活動の意義や活動を行う上で必要となることについて理解し、行動の仕方を身に付けるようにする。 (2) 集団や自己の生活、人間関係の課題を見いだし、解決するために話し合い、合意形成を図ったり、意思決定したりすることができるようにする。 (3) 自主的、実践的な集団活動を通して身	第5章　特別活動 第1　目　標 　望ましい集団活動を通して、心身の調和のとれた発達と個性の伸張を図り、集団や社会の一員としてよりよい生活や人間関係を築こうとする自主的、実践的な態度を育てるとともに、人間としての在り方生き方についての自覚を深め、自己を生かす能力を養う。

改訂後（平成30年告示）	改訂前（平成20年告示）
に付けたことを生かして、主体的に集団や社会に参画し、生活及び人間関係をよりよく形成するとともに、人間としての在り方生き方についての自覚を深め、自己実現を図ろうとする態度を養う。	
第2　各活動・学校行事の目標及び内容（ホームルーム活動） **1　目　標** 　ホームルームや学校での生活をよりよくするための課題を見いだし、解決するために話し合い、合意形成し、役割を分担して協力して実践したり、ホームルーム活動での話合いを生かして自己の課題の解決及び将来の生き方を描くために意思決定して実践したりすることに、自主的、実践的に取り組むことを通して、第1の目標に掲げる資質・能力を育成することを目指す。 **2　内　容** 　1の資質・能力を育成するため、全ての学年において、次の各活動を通して、それぞれの活動の意義及び活動を行う上で必要となることについて理解し、主体的に考えて実践できるよう指導する。 (1) **ホームルームや学校における生活づくりへの参画** ア　**ホームルームや学校における生活上の諸問題の解決** 　ホームルームや学校における生活を向上・充実させるための課題を見いだし、解決するために話し合い、合意形成を図り、実践すること。 イ　**ホームルーム内の組織づくりや役割の自覚** 　ホームルーム生活の充実や向上のため、生徒が主体的に組織をつくり、役割を自覚しながら仕事を分担して、協力し合い実践すること。	**第2　各活動・学校行事の目標及び内容（ホームルーム活動）** **1　目　標** 　ホームルーム活動を通して、望ましい人間関係を形成し、集団の一員としてホームルームや学校におけるよりよい生活づくりに参画し、諸問題を解決しようと自主的、実践的な態度や健全な生活態度を育てる。 **2　内　容** 　学校における生徒の基礎的な生活集団として編成したホームルームを単位として、ホームルームや学校の生活の充実と向上、生徒が当面する諸課題への対応に資する活動を行うこと。 (1) **ホームルームや学校の生活づくり** ア　**ホームルームや学校における生活上の諸問題の解決** イ　**ホームルーム内の組織づくりと自主的な活動**

改訂後（平成30年告示）	改訂前（平成20年告示）
ウ　学校における多様な集団の生活の向上 　　生徒会などホームルームの枠を超えた多様な集団における活動や学校行事を通して学校生活の向上を図るため、ホームルームとしての提案や取組を話し合って決めること。	ウ　学校における多様な集団の生活の向上
(2) 日常の生活や学習への適応と自己の成長及び健康安全	(2)　適応と成長及び健康安全
ア　自他の個性の理解と尊重、よりよい人間関係の形成 　　自他の個性を理解して尊重し、互いのよさや可能性を発揮し、コミュニケーションを図りながらよりよい集団生活をつくること。	ア　青年期の悩みや課題とその解決 イ　自己及び他者の個性の理解と尊重
イ　男女相互の理解と協力 　　男女相互について理解するとともに、共に協力し尊重し合い、充実した生活づくりに参画すること。	ウ　社会生活における役割の自覚と自己責任 エ　男女相互の理解と協力
ウ　国際理解と国際交流の推進 　　我が国と他国の文化や生活習慣などについて理解し、よりよい交流の在り方を考えるなど、共に尊重し合い、主体的に国際社会に生きる日本人としての在り方生き方を探究しようとすること。	オ　コミュニケーション能力の育成と人間関係の確立 カ　ボランティア活動の意義の理解と参画 キ　国際理解と国際交流
エ　青年期の悩みや課題とその解決 　　心や体に関する正しい理解を基に、適切な行動をとり、悩みや不安に向き合い乗り越えようとすること。	ク　心身の健康と安全な生活態度や規律ある習慣の確立
オ　生命の尊重と心身ともに健康で安全な生活態度や規律ある習慣の確立 　　節度ある健全な生活を送るなど現在及び生涯にわたって心身の健康を保持増進することや、事件や事故、災害等から身を守り安全に行動すること。	ケ　生命の尊重と安全な生活態度や規律ある習慣の確立
(3) 一人一人のキャリア形成と自己実現	(3)　学業と進路
ア　学校生活と社会的・職業的自立の意義の理解 　　現在及び将来の生活や学習と自己実現	ア　学ぶことと働くことの意義の理解

改訂後（平成30年告示）	改訂前（平成20年告示）
とのつながりを考えたり、社会的・職業的自立の意義を意識したりしながら、学習の見通しを立て、振り返ること。 イ　主体的な学習態度の確立と学校図書館等の活用 　自主的に学習する場としての学校図書館等を活用し、自分にふさわしい学習方法や学習習慣を身に付けること。 ウ　社会参画意識の醸成や勤労観・職業観の形成 　社会の一員としての自覚や責任をもち、社会生活を営む上で必要なマナーやルール、働くことや社会に貢献することについて考えて行動すること。 エ　主体的な進路の選択決定と将来設計 　適性やキャリア形成などを踏まえた教科・科目を選択することなどについて、目標をもって、在り方生き方や進路に関する適切な情報を収集・整理し、自己の個性や興味・関心と照らして考えること。	イ　主体的な学習態度の確立と学校図書館の利用 ウ　教科・科目の適切な選択 エ　進路適性の理解と進路情報の活用 オ　望ましい勤労観・職業観の確立 カ　主体的な進路の選択決定と将来設計
〔生徒会活動〕 1　目　標 　異年齢の生徒同士で協力し、学校生活の充実と向上を図るための諸問題の解決に向けて、計画を立て役割を分担し、協力して運営することに自主的、実践的に取り組むことを通して、第1の目標に掲げる資質・能力を育成することを目指す。 2　内　容 　1の資質・能力を育成するため、学校の全生徒をもって組織する生徒会において、次の各活動を通して、それぞれの活動の意義及び活動を行う上で必要となることについて理解し、主体的に考えて実践できるよう指導する。 (1) 生徒会の組織づくりと生徒会活動の計画や運営 　生徒が主体的に組織をつくり、役割を	（生徒会活動） 1　目　標 　生徒会活動を通して、望ましい人間関係を形成し、集団や社会の一員としてよりよい学校生活づくりに参画し、協力して諸問題を解決しようとする自主的、実践的な態度を育てる。 2　内　容 　学校の全生徒をもって組織する生徒会において、学校生活の充実と向上を図る活動を行うこと。 (1) 生徒会の計画や運営 (2) 異年齢集団による交流

改訂後（平成30年告示）	改訂前（平成20年告示）
分担し、計画を立て、学校生活の課題を見いだし解決するために話し合い、合意形成を図り実践すること。	(3) 生徒の諸活動についての連絡調整
(2) 学校行事への協力 　学校行事の特質に応じて、生徒会の組織を活用して、計画の一部を担当したり、運営に主体的に協力したりすること。	(4) 学校行事への協力
(3) ボランティア活動などの社会参画 　地域や社会の課題を見いだし、具体的な対策を考え、実践し、地域や社会に参画できるようにすること。	(5) ボランティア活動などの社会参画
〔学校行事〕 1　目　標 　全校若しくは学年又はそれらに準ずる集団で協力し、よりよい学校生活を築くための体験的な活動を通して、集団への所属感や連帯感を深め、公共の精神を養いながら、第1の目標に掲げる資質・能力を育成することを目指す。 2　内　容 　1の資質・能力を育成するため、全校若しくは学年又はそれらに準ずる集団を単位として、次の各行事において、学校生活に秩序と変化を与え、学校生活の充実と発展に資する体験的な活動を行うことを通して、それぞれの学校行事の意義及び活動を行う上で必要となることについて理解し、主体的に考えて実践できるよう指導する。 (1) 儀式的行事 　学校生活に有意義な変化や折り目を付け、厳粛で清新な気分を味わい、新しい生活の展開への動機付けとなるようにすること。 (2) 文化的行事 　平素の学習活動の成果を発表し、自己の向上の意欲を一層高めたり、文化や芸術に親しんだりするようにすること。	(学校行事) 1　目　標 　学校行事を通して、望ましい人間関係を形成し、集団への所属感や連帯感を深め、公共の精神を養い、協力してよりよい学校生活や社会生活を築こうとする自主的、実践的な態度を育てる。 2　内　容 　全校若しくは学年又はそれらに準ずる集団を単位として、学校生活に秩序と変化を与え、学校生活の充実と発展に資する体験的な活動を行うこと。 (1) 儀式的行事 　学校生活に有意義な変化や折り目を付け、厳粛で清新な気分を味わい、新しい生活の展開への動機付けとなるような活動を行うこと。 (2) 文化的行事 　平素の学習活動の成果を総合的に生かし、その向上の意欲を一層高めたり、文化や芸術に親しんだりするような活動を行うこと。

改訂後（平成30年告示）	改訂前（平成20年告示）
(3) 健康安全・体育的行事 　心身の健全な発達や健康の保持増進、事件や事故、災害等から身を守る安全な行動や規律ある集団行動の体得、運動に親しむ態度の育成、責任感や連帯感の涵養、体力の向上などに資するようにすること。	(3) 健康安全・体育的行事 　心身の健全な発達や健康の保持増進などについての理解を深め、安全な行動や規律ある集団行動の体得、運動に親しむ態度の育成、責任感や連帯感の涵養、体力の向上などに資するような活動を行うこと。
(4) 旅行・集団宿泊的行事 　平素と異なる生活環境にあって、見聞を広め、自然や文化などに親しむとともに、よりよい人間関係を築くなどの集団生活の在り方や公衆道徳などについての体験を積むことができるようにすること。	(4) 旅行・集団宿泊的行事 　平素と異なる生活環境にあって、見聞を広め、自然や文化などに親しむとともに、集団生活の在り方や公衆道徳などについての望ましい体験を積むことができるような活動を行うこと。
(5) 勤労生産・奉仕的行事 　勤労の尊さや創造することの喜びを体得し、就業体験活動などの勤労観・職業観の形成や進路の選択決定などに関する体験が得られるようにするとともに、共に助け合って生きることの喜びを体得し、ボランティア活動などの社会奉仕の精神を養う体験が得られるようにすること。	(5) 勤労生産・奉仕的行事 　勤労の尊さや創造することの喜びを体得し、就業体験などの職業観の形成や進路の選択決定などに資する体験が得られるようにするとともに、共に助け合って生きることの喜びを体得し、ボランティア活動などの社会奉仕の精神を養う体験が得られるような活動を行うこと。

(注) 各活動・学校行事の「3内容の取扱い」及び「第3指導計画の作成と内容の取扱い」は省略。

おわりに

　2017（平成29）年3月、改訂された小学校学習指導要領の告示があり、その後、中・高等学校の学習指導要領も告示されました。今回の改訂では、学習指導要領の構造をはじめ、学力観や授業観、評価観などが一体となった大きな改善が示されました。今回の学習指導要領は、これから不透明で見通しの立ちにくい2030年の社会、さらにはその先の社会において、子どもたちが成人し活躍が期待される時期に、豊かな未来を築くために教育の方向性を示した学習指導要領であると言えます。とりわけ、これからの未来社会においては、個々の児童生徒がもっている多様性を生かしながら、新たな価値を創造する営みに参画し、自己実現を図ることが重要であると言われています。

　こうした中で、「学校は社会の準備段階であると同時に、一つの社会である。」と考えられます。すなわち、児童生徒にとって学校・学級生活の充実・向上に向けてさまざまな課題を解決していく特別活動は、よりよい集団や社会をつくったり、実社会の中でよりよく生きていったりするための資質・能力を身に付けることのできる貴重な体験を育む教育活動であると言えます。

　特別活動の学習過程の核となる「話合い活動」や「実践活動」では、「意見の違いや多様性を生かしつつ集団としての意見をまとめること」や「多様な他者のよさを認め合って協力する態度」、「様々な活動に意欲的に参加する態度」など、よりよい人間関係を形成したり、自己実現や社会参画への意識を高めたりすることにつながるものと言えます。また、今回の学習指導要領の改訂を機に、より一層、他の教育活動との関連も図りながら、特別活動における活動の質を高めたり、価値ある体験を積み重ねたりしていくことが求められていると言えます。

　2023（令和5）年3月15日

　　　　　大阪成蹊大学教授　松田　修（日本特別活動学会理事）

索 引
Index

237

◇編著者◇

中園大三郎 　神戸医療未来大学、前大和大学、元兵庫教育大学大学院
　　　　　　日本特別活動学会理事、全国特別活動研究会顧問
　　　　　　　　はじめに、第1章第2節3、第3節4～7、第3章第5節3、第4章
　　　　　　　　第1節、第2節3、第6章全節、コラム①②③④、資料（高等学校学
　　　　　　　　習指導要領）

松田　　修 　大阪成蹊大学、前兵庫教育大学大学院、日本特別活動学会理事
　　　　　　全国特別活動研究会顧問
　　　　　　　　第1章第1節1・2、第2節1・2、第3節1～3、第2章第3節、第
　　　　　　　　4章第2節1～3、資料（中学校学習指導要領）、おわりに

◇執筆者（執筆順）◇

濱川　昌人 　大和大学、神戸大学、高野山大学、日本特別活動学会員
　　　　　　　　第2章第1節～第2節、資料（小学校学習指導要領）

安田　陽子 　前関西大学・花園大学、日本特別活動学会員
　　　　　　　　第2章第4節

芦高　浩一 　大阪府大阪市立野里小学校、日本特別活動学会員
　　　　　　　　第2章第5節

藤原　靖浩 　関西福祉科学大学、京都産業大学、日本特別活動学会員
　　　　　　　　第3章第1節～第2節

中尾　豊喜 　大阪体育大学、関西学院大学、甲南女子大学
　　　　　　日本特別活動学会員
　　　　　　　　第3章第3節～第5節1・2、第4章第2節4・5

松田　忠喜 　大和大学、関西大学、神戸大学、大阪成蹊短期大学
　　　　　　日本特別活動学会員
　　　　　　　　第5章第1節～第5節

小・中・高等学校新学習指導要領〔準拠版〕
21世紀社会に必要な「生き抜く力」を育む　特別活動の理論と実践　第3版

2019年 9 月10日　初版発行
2021年 3 月28日　第 2 版発行
2023年 3 月19日　第 3 版発行

編著者　中園大三郎、松田　修
執筆者　濱川昌人、安田陽子
　　　　芦高浩一、藤原靖浩
　　　　中尾豊喜、松田忠喜
発行所　学術研究出版
　　　　〒670-0933　兵庫県姫路市平野町62
　　　　［販売］Tel.079(280)2727　Fax.079(244)1482
　　　　［制作］Tel.079(222)5372
　　　　https://arpub.jp
印刷所　小野高速印刷株式会社
©Daisaburou Nakazono 2023, Printed in Japan
ISBN978-4-910733-90-6